航空机务优良传统与文化

钟　娟　编著

航空工业出版社

北　京

内 容 提 要

文化是人们经过劳作创造的精神与物质的总和，是人化的结果，更是在特定文化影响下的一群人认可、遵循的价值取向。中国的航空事业发展波澜壮阔，航空机务作为保障航空的支柱也在航空事业发展的历程中发扬壮大，形成了具有行业特色的优良传统与文化。这些精神财富隐匿于机务人员的工作中，也散落在机务发展的历史长河里。本书以介绍中国航空机务的历史文化为主要内容，梳理了我国航空机务发展的历史，从历史事件中探寻航空机务一脉相承的优良传统与文化。通过本书，广大航空爱好者和机务从业人员，能够了解机务的发展历史，感受一代代机务人员的精神品质，从而更深刻地理解这个行业。

图书在版编目（CIP）数据

航空机务优良传统与文化 / 钟娟编著 . -- 北京：航空工业出版社，2024.4

ISBN 978-7-5165-3379-6

Ⅰ. ①航… Ⅱ. ①钟… Ⅲ. ①民用航空-商业服务-研究-中国 Ⅳ. ①F56

中国国家版本馆 CIP 数据核字（2023）第 097162 号

航空机务优良传统与文化
Hangkong Jiwu Youliang Chuantong yu Wenhua

航空工业出版社出版发行
（北京市朝阳区京顺路 5 号曙光大厦 C 座四层　100028）
发行部电话：010-85672666　010-85672683

北京建宏印刷有限公司印刷　　全国各地新华书店经售
2024 年 4 月第 1 版　　2024 年 4 月第 1 次印刷
开本：710×1000　1/16　　字数：193 千字
印张：11.25　　定价：70.00 元

编 写 人 员

编　　者：钟　娟

参编人员：严景晰　李枝昌　王治宇　赵　辉

赵亮亮　黄进进　乔永利　蒋思远

姜维维

前　　言

文化是人们从蒙昧走向文明的伴生产物，物质文化在历史的流变中有的成为“古董”，摆在博物馆里展示着它的意义，有的则遗失在过往的云烟中。但是，精神文化与优良传统却会代代相传。航空机务的优良传统与文化也是如此，经过大浪淘沙般地筛选，传至今日的是那些光辉灿烂、伴随着机务人员汗水与热情的精华。

本书梳理了中国航空机务的历史，将民航与军航机务发展史用讲故事的方式表现出来，把机务的传统与文化精髓串联在历史中，向读者展示了中国航空机务的精神与文化。全书共七章，其中，第一章讲述中国航空机务事业发展历程，第二章至第七章，从理想信念、科学态度、进取精神、行为规范、奋斗创业、创新奋进等六个维度，全方面展示航空机务行业的优良传统。每章结尾，以链接的方式介绍民航与军航的文化成果。

书稿的成书过程并不容易，其最大的困难莫过于对航空机务优良传统的梳理和凝练。军航与民航在组织架构、运行模式等方面存在巨大差异，且两者的源头与目标也不同，要想厘清两者相同之处，需要下很大功夫研究。所幸，在编著过程中，编写组同志同心协力，没有止步于困难，一起谋划思考、解决问题，在这里向编写组人员表示感谢。在成书过程中受到了很多领导和同志们的帮助和鼓励：在谋划之初，找不到动力，机务老牛几次提供素材，又多次言传身教地向我们展示了一位老机务对工作的热爱，让我们动力十足；在成书过程中，遇到只有记载没有解释的资料时，碰巧得到已经退休老前辈的指点，他们在机务战线上一干一辈子，是历史的创造者和见证者，谢谢他们的教导；在成书后，又受到编辑李金梅同志的帮助和提醒，在这里一并感谢。

我们也深知，这本书还很稚嫩，有很多不足之处，希望读者朋友看完后多多批评和指正。

目　　录

引　言

历史凝聚传统，传统孕育文化。那么，文化是什么？

在讲述航空机务优良传统与文化的前世今生之前，先来尝试回答“文化是什么”。

文化二字在中国历史上并非一直是一个词语，“文”字，从符号结构的角度看，分上下两部分：上面的“亠”是个形象化的符号，表示灯具与火苗，或表示太阳刚从地平面上升起，具有光芒普照、使世界从黑暗走向光明的意思；下面的“又”是个会意字，指治理，使天下安宁、稳定。上下两部分合起来成为“文”字，便具有了这样的意义：用普照世界的太阳一般的思想去治理社会，从而使天下得到安宁。从字源上讲，甲骨文中的“文”字，是一个直立的人形结构，胸部是突出的纹饰，因此，后来“文”又引申出了彩色交错、纹理、花纹的意思。到了“文质彬彬”这个词语时，“文”的内涵变成了美德、德行。

甲骨文里的“化”字，是一个正立的人和一个倒立的人合在一起，暗示“相反相成”，即相互对立的两个方面在一起会生成一个新的东西，所以“化”有改变的意思。古人认为万事万物都遵循生克制化的规律，化就是这个过程。后来，“化”引申为风化、感化等含义。风化是指一个人在与他人的相处中，在没有被迫和勉强的情况下，潜移默化地、不知不觉地被改变了，这就是一个典型的“化”的过程。由“文”和“化”两个字合成的“文化”一词，其含义就是用光亮一样的思想感染人、熏陶人、转化人。

最早把“文”和“化”两个字放在一起使用的是《周易》的《贲卦·彖传》：“观乎人文，以化成天下。”《易·彖》有云：“……观乎天文，以察时变；观乎人文，以化成天下。”天文，可以理解为自然现象，由于古代人观察自然现象，体察到不同的时机变化，于是我们有了遗产丰厚的天文、地理、农学等，这些都指导着古代中国人农耕劳作。与“天文”相比，“人文”更多的就是人的道理和经验，用此来化成天下，如邓实在《国学讲习记》中所讲，“有地而人生其上，因以成国焉，有其国者有其学。学也者，学其一国之学以为国用，而自治其一国者也。”一国所有的学问，就是这个国家的文化。因此，“文化”一词，从表面词义看，就是文治和教化，用文明成果来教育人和改造人。

在西方，“文化”一词最早见于拉丁文 cultura，是培育发展的意思，包括人对于自然界的影响和对于自身的自觉训练。可见，在古代东西方对文化的理解，在本质上是一致的。

时间到了 20 世纪 90 年代以后，“文化”成为热门词汇，学界对其的解释通常分为广义和狭义两种。广义的文化，从人对自然的作用结果界定文化概念，认为自从自然界出现了有文明的人类，文化就已经开始出现了。时至今日，文化就是人类在改造自然、在与自然共处过程中所产生的所有产物，既有可触摸的物质产物，也有影响人们行为的精神产物。狭义的文化则把物质的部分切割出去，只留下精神的部分，认为文化就是人在社会生活中，产生的精神成果。

从文化的概念来看，无论广义还是狭义的文化，都是人们在长期的实践中不断累积和甄选的结果。历史与传统是孕育文化的沃土和温床，漫长的时间激流，日复一日年复一年地，在人们不知道的某个地方，把那些优良的文化传承下来，又半分不得停歇，继续奔腾而去。

在岁月长流里，文化犹如一座博物馆，随着时间的变迁，它的珍藏越来越丰富，瑰宝越来越明亮，航空机务文化是其中一颗璀璨的明珠。

航空机务文化，是人类文化的尾端，其上有中国文化、行业文化，层层下来，航空机务文化继承了所有上层文化中的精华，又由于自己的行业特色而形成了独有的机务行业文化。具体来说，航空机务文化是指广大航空机务人员在航空机务实践过程中创造、传承、融合并不断发展的，以“质量、责任、使命”为核心理念的精神成果及其物质载体的总和。

航空机务文化并非独成一家，它的形成源于多方面的融合：有中国人民传承千年的文化底蕴；有中国航空先驱无数次成功或失败的经验积累；有中国共产党红色基因的百年积淀；有中国人民解放军历经九十余载的优良传统；有航空机务人经年累月的艰苦奋进。这些创造、传承、融合共同造就了今天的航空机务文化。

航空机务文化的创造者是机务人员。文化是人化的过程，人是文化的主体，人创造了文化。航空机务文化的创造者是广大机务人员，机务人员在机务维修的实践中逐渐形成了本行业认可的价值观和行为标准。1924 年，在莫斯科寒冷的冬天，连一架飞机都还没有的中国共产党人，已经冲破语言文字不同、生活习惯不适的壁垒，取经问道，学习航空维修知识；在抗美援朝的炮火里，航空机务人员边打边建，为空军航空机务系统全面建设打下了家底；在 20 世纪八九十年代，全球空军换装大潮中，起步较晚的我们一样与世界同轨，苦练技术维护自己的新一代战机。在那些峥嵘岁月里，航空机务文化不断得到充实和完整，逐渐有了具有中国特色的航空机务精神成果。

航空机务文化滋养着航空机务人员。在炮火连天的年代，老航校“艰苦创业、勇于献身”的精神激励着机务人员踏风冒雪，在寒冷与死亡中建立了自己的航校、培养自己的航空人才；在鸭绿江边，我们呼喊着“故障不过夜、故障不上天”，托举战鹰在朝鲜半岛的天空中划下了敌人不能逾越的“米格走廊”；在技术封锁、物资稀缺的年代，一群“夏北浩式”的机务人员，用“对战斗胜利负责、对战友安全负责、对国家财产负责”的“三负责”精神战胜故障、确保安全、支援社会主义建设。进入新时代，装备更迭，广大机务人员始终把“忠诚、负责、精细、刻苦、求实”的职业精神牢牢刻在心中，在历史与传统的传承中，接过前辈手中的接力棒，继续创造这个时代航空机务人的文化。

习近平同志指出：“历史是现实的根源，任何一个国家的今天都来自昨天。”本书仅以航空机务优良传统与文化为题，捡起散落在航空机务历史长河中，令人记忆犹新的珍宝，用简短的故事阐述航空机务优良传统与文化的宝藏，透过历史讲文化，穿越时空话传统。

第一章　中国航空机务事业发展历程

天空，一直是人们渴望踏足和征服的地方。中国的历史源远流长，在中华文明开始的地方，人们就曾尝试着要跃地而起，触碰玄妙未知的蓝天。

一、古代中国人的航空梦

在神话时代，人们曾经因为看见顺风翻滚的飞蓬，就开始发明有轮子的车；看见水上漂浮的枯枝烂叶，就开始发明能够渡水的船；看见空中浮现的彩霞和白云，又见到了长着翅膀能够自在飞行的蝴蝶、蜻蜓和飞鸟，于是就想要发明能够像鸟儿一样钻进云彩中玩耍、与鸟雀同游的航空器。然而，发明和建造车船相对简单，很容易就能实现，可是要想遨游在蓝天，就要很费一番功夫了。于是，飞上蓝天，成了古代人们崇高的理想。

（一）飞仙

向往蓝天而不能，古代的人们向神仙求助，希望能获得“神力”从而实现飞天梦想。于是，联想到陆行用车、水行用船，那么，在空中飞行也需要用某个器物。可是人造航空器在那个时代还没有进入人们的思考范围。智慧的古人自然而然地想到陆地行进骑马最快，那么要飞行，也必须骑着能飞的动物。天空一望无际，这个能飞的动物体型要大，在天上飞的一定是奇珍异兽，而且能够载着人们飞行，就必然拥有足够的力量。就这样，在古人不断完善的想象中，神龙、仙鹤、鸾凤等就都有了具体的形象和功能。

但神兽飞行有个大前提，就是只有神仙能够骑乘。并且，由于飞行的想象太过超前，在人们头脑中，人化的神仙应该还不能骑着神兽飞行，所以想象中能飞的神仙还要有常人没有的特异功能。例如，敦煌莫高窟壁画、榆林壁画等古迹中，绘有多姿多彩的飞天形象，他们身姿轻盈、体态优美地穿梭在天空，甚至还能轻松地弹奏乐器、翩翩起舞。

如果没有特异功能的飞天，也没有能够飞行的神兽，那么还可以长出翅膀来，实现飞行的梦想。例如，近些年陆续出土的汉代墓室壁雕、砖雕上，就出现了双翼或四翼飞人。

渐渐地，随着生产能力的提高和自我认知的提升，人们不满足于让神仙骑着神兽飞行了。这时，人们中间有大能的人也可以飞行。在人们遐想的理想国里，天空有着与地面和水上不同的美景，人们试图借助风的力量，享受飞行的快乐。战国时代，就有列子“御风而行”的传说。《庄子·逍遥游》记载了这个美丽的传说：“夫列子御风而行，泠然善也。”这恐怕是人们第一次具体地想象飞上蓝天的办法：利用上升气流，凌空飞行。

在古代神话中，有位美丽的仙子——嫦娥，《淮南子》和《搜神记》两书就记载了嫦娥奔月的故事：“羿请不死之药于西王母，羿妻嫦娥窃之奔月”。1972年出土于湖南长沙马王堆汉墓的锦帛上，绘有女子双手托月的图像，大概也是源于嫦娥奔月的遐想。传说在春秋时代，萧史、弄玉乘龙驾雾双双飞去。战国时代大诗人屈原也曾把民间御风而行，扶摇直上的理想与传说写进了他的著作中。

这些都是神仙，那么普通人该如何飞上天空呢？成书于战国后期的《山海经》及后人郭璞的阐释中，记载了制作飞车。但是近代学者张孟闻认为：“山海经……率皆虚饰谐言，大抵皆周、秦、西汉好奇耽异之人所造作，非纪实之书。”他认为《山海经》里的记载大约是先有传说后有记载，也可能是秦汉以前的人杜撰的。但是《山海经》中记载的飞车，至少是当时人们航空思想的一大进步，从过去惊羡神仙，变为了希望坐在人造的航空器上在空中航行。而这种航空理想为后来的人们提供了一种创造的思路。

（二）木鸢

借力上天，是人们想象中飞车的飞行原理，相传早在禹的时代，就有了帆和舵的雏形，以帆利用风力帮助船行，以舵利用水流掌握航向，表明我国在上古时期就已经知道利用气流和水流了。在出土的5000多年前仰韶时期的新石器时代文物中，就有石制陀螺。《墨子・鲁问》记载：春秋时期，木匠的祖师爷鲁班（公输般）就曾“削竹木以为鹊，成而飞之”。战国时期，墨子巧妙地用木制成鸟，能够飞动，谓之木鸢。如果这段关于鲁班的历史是真实存在的，那么鲁班可以算作中国航空机务的第一人了。

到了西汉时，有人曾制作风向鸟，用来测风向，就其功能而言，类似于近代的风向标。据《汉书・王莽传》记载，新朝天凤六年（公元 19 年），有人用大鸟羽翼做成两翼，绑在头和身上，飞行百步才落下来。这是人类最早对滑翔飞行的大胆尝试。

（三）孔明灯与走马灯

在东晋时成书的《抱朴子》提出了鸟类翱翔是由于气流上升托举的见解，是对鸟类飞行的空气动力学原理的一个了不起的发现。相传三国时期，诸葛亮为了方便夜间信息联络，发明了“孔明灯”，这是一种用竹篾扎制成框架，外面糊纸做成的灯笼，将其放置于竹制的托架上，点燃托架上的油脂，产生热空气，从而能够升空。还有走马灯，最早出现在五代时期，就是下部点燃蜡烛后，产生热气流，推动纸质叶轮和立轴，立轴又带动轴条上的纸人、纸马，从而变成能够自动转动的灯笼。站在历史的今天，我们再来看这些发明，还是不得不惊叹于古人发明这些飞车、灯笼的背后，有着深刻而实用的科学道理。

（四）飞车

飞车的研究一直持续着，到了清朝嘉庆、道光年间，李汝珍在他的小说《镜花缘》里，天马行空地详细说明了飞车的性能、功用、构造和驾驶的方法。小说里的飞车大小高低、基本结构都与《山海经》中差别不大，但是从先秦时代一路走到清朝，中国人已经积累了数千年的文化积淀，所以小说中的飞车要比《山海经》中的飞车先进很多，增加了很多实用性的机件，如指南针、转向舵，方便飞车在天上也能够辨别方位、随时转弯。飞车的整体不宜过重，轻便是飞车的一大特点。飞车速度很快，要每天飞行两三千里①，遇上顺风，要日行万里。飞车要从地面径直起飞，到达一定高度后再平行飞行。可见，李汝珍思想世界里的飞

① 1 里 = 500 米。

车，基本具备了现代飞机和直升机的功能。这在人类航空发展史上，是难能可贵的。

（五）风筝

风筝又名纸鸢，是一种极普通的儿童玩具。风筝是世界上最早的比空气重的飞行器。早在两千多年前的春秋时期，风筝就已经出现在了中国。到了南北朝时期，风筝逐渐发展成为传递信息的工具。从隋唐时期开始，由于中国造纸技术的不断发展，民间开始用纸裱糊风筝。到宋代以后，风筝就逐渐成为家喻户晓的玩具，每当清明前后，人们就会去郊外放风筝，孩子们热衷于此，因此，有清诗写道："儿童散学归来早，忙趁东风放纸鸢。"中国风筝在公元 14 世纪前后传入欧洲，对后来滑翔机和飞机的发明起到了重要的作用。

（六）竹蜻蜓

在电影《红鹰展翅》里有这样一段场景：理论基础较差的红军指战员们奔赴东北老航校学习飞行，但是飞机为什么会飞，成了大家理解不了的问题，教员就拿出竹蜻蜓来给同志们讲解：飞机之所以能够上天，就是像竹蜻蜓那样具有了升力和拉力。竹蜻蜓在我们幼时，是一件简易又有趣的玩具。但要知道，其实它是我国古代的一大发明。相传竹蜻蜓出现在公元前 500 年以前的中国，人们看到自然界中有些树木的种子带有翅膀一样的薄翼，即翅果，在成熟后能像直升机一样旋转着缓缓下降，以便借风力将种子送到更远的地方。这可能是竹蜻蜓的原始来源。竹蜻蜓由一根竹棍连接几个倾斜的竹片，用双手搓转竹棍，倾斜的竹片跟着旋转，向下推动空气，空气对竹片产生反作用力，使竹蜻蜓螺旋上升。这种原始的器械飞行，可看作是现代直升机升力螺旋桨的早期尝试。在晋代葛洪的《抱朴子》中就有关于竹蜻蜓的记录。18 世纪前后，竹蜻蜓传入欧洲，被欧洲称为"中国陀螺"，被誉为"航空之父"的英国乔治·凯利爵士一生都对竹蜻蜓十分着迷，他从竹蜻蜓上悟出了螺旋桨的一些基本原理，推动了飞机研制的进程。莱特兄弟也热衷于玩竹蜻蜓，从中受到不少启发。可以说近代许多航空的发明创造，都可以从中国历史上找到渊源，甚至是原理和雏形。

二、旧中国的航空业发展

（一）清末、民国年间的中国航空

19世纪初期，西方国家的航空事业蓬勃发展，清政府和民国初期的北洋政府对以航空制胜抱有极大的期望，因此，通过多种途径发展我们国家的航空事业。

1905年，湖广总督张之洞从日本购买了两个“山田式”侦察气球，用于军事行动中的指挥、侦察和信息传递。1908年相继成立了4个气球队。同年10月，湖北陆军第八镇气球队参加了清军在安徽举行的太湖秋操，这是中国军队第一次使用航空器。

1909年，清政府开始兴办军事航空，组织留学人员学习航空制造和飞行技术，选派厉汝燕公费学习飞机制造和驾驶技术。1910年8月，在北京南苑修建了简易跑道供飞机起降，由此，南苑机场成为我国最早的机场。

1911年，清政府在北京南苑设立禁卫军航空队，开启了我国兴办航空、建立航空队的开端。

1913年春，袁世凯采纳总统府顾问、法国驻北京公使馆武官白理素的建议，在南苑开办了中国第一所正规的航空学校——南苑航校，培养航空人员。

1919年3月，民国政府交通部成立航空事宜筹备处，负责与外国公司签订购买飞机合同、拟定中国航空条例草案、全国航空线路计划等工作。同年10月，又成立了航空事务处，下设三科九股，专门负责全国航空一切行政事务，同时，大量购买飞机。但是由于当时英国人横加阻挠，又多行龌龊，买进的飞机以次充好，把维修不当、几近报废的飞机充当好飞机卖给中国，使本就贫困的中国背上了沉重的债务，无疑使当时中国的困境雪上加霜。

除了中央政府发展航空，地方军阀为了扩充军事实力，也不断发展军事航空。例如，1920年，张作霖在直皖战争后，把南苑机场所有飞机和重要机器、设备全部运往沈阳。1922年，张作霖在沈阳开办东三省航空学校，选派40多名飞行员出国学习。1924年4月，直系军阀曹坤在北京成立中央航空司令部，下辖三个航空队，成立保定航空教练所，即国立保定航空学校。1920—1927年，滇、鲁、苏、浙、晋等地军阀也相继成立航空机构，组建了各自的航空队。

（二）冯如与中国第一架飞机

中国人很早就向往飞上天空，也尝试过无数可能，虽然都没有真正实现载人飞天，但确实为后世研制飞机奠定了精神基石和理论基础。到了19世纪，随着新的动力应用于机器，西方资本主义世界开始研究飞机，航空知识体系逐渐建立，优秀的中国儿女也不甘人后，开始传播航空知识。1855年，上海墨海书馆出版了英国医生合信著的《博物新编》，该书介绍了《氢气球图》和《巨伞图》，将西方国家研制氢气球的事情传入中国；上海的《点石斋画报》刊登了美国发明家爱迪生关于航空的设想；1901年，上海慎记书店出版的《皇朝经世文编》中收录《飞机论》；1910年，上海商务印书馆出版了高鲁所著《空中航行术》；1920年，中国第一个航空杂志《航空月刊》创刊。这些书刊的出现，实际上就是近代中国人学习航空知识、传播航空知识的举动。

几乎同时，航空技术逐步得以实践。在清朝末期以后，很多留学生和华侨旅居外国，他们最先接触了西方世界的航空技术，在回国后迅速推动了中国近代航空的起步。1909年9月21日，旅美华侨冯如驾驶自己设计制造的"冯如1号"，在美国奥克兰市派德蒙特山附近试飞成功，距美国莱特兄弟研制的人类第一架载人飞机升空成功大约6年。1911年3月22日，冯如带着他的团队和开办的广东制造机器厂一道，在经历了一个月的海上旅程之后抵达香港。冯如和他的助手响应革命号召，被任命为广东革命军飞机长，准备参加北伐作战，执行空中侦察任务。同时，还利用带回的飞机零部件开始造飞机，仅用了三个月就造出了一架飞机。1912年8月25日，冯如在广州燕塘大操场向祖国同胞作公开的飞行表演。但由于飞机失事，冯如牺牲，终年28岁。在他牺牲后，孙中山先生于同年11月16日下令褒扬冯如为中国飞行创造的巨大功绩，批准"从优照少将阵亡给恤，并将事宜宣付国史馆"。冯如和他的飞机成功升空，是我国第一架由中国人研制的载人飞机第一次在中国的天空飞翔，历史意义十分重大。

1913年3月，中国同盟会在孙中山先生的倡导下，在美国檀香山承办了中华民国飞船公司。1915年4月，孙中山先生在日本创办中国革命党飞行学校，1916

年，遵照孙中山先生遗嘱，国民党在美国柯蒂斯飞行学校内开办中国国民党飞行学校，1917 年，在加拿大创办强华飞行学校。后来，这些航空学校的学生在回国后组建广东军政府航空局，筹办飞行学校，创办广东飞机修理厂、制造厂等。孙中山先生航空救国的理想不断地被实践，为中国航空事业培育了大量人才，开启了我国的飞机制造、修理事业。

（三）旧中国的民用航空

中国民用航空的起点在 1919 年，北洋政府交通部成立航空事宜筹备处，购买商用飞机，拟定空中航线规划、开辟航空运输。

第一次世界大战后，飞机名声大噪，军用航空让人们看到民用航空的巨大利益，便利的运输缩短了地域距离，不同地域的人们用更短的时间实现更多的交流，水陆无阻更是降低了交通的成本。于是在 1919 年北洋政府交通总长曹汝霖建议交通部设立航空事宜筹备处。1919 年 3 月筹备处成立，丁士源兼任处长。航空事宜筹备处的第一个订单给了美国亨得利-佩治公司，购买了 6 架商用飞机、6 架教练机和一批零配件、修理器械，并聘请英国飞行员和机械工程师各两名。1920 年，航空事宜筹备处拟定了全国五大航线：北京—广州、北京—上海、北京—成都、北京—哈尔滨、北京—库伦（今乌拉巴托）。五大航线均计划设计航站、预备战和保安站，但是只有京沪线的北京—天津航段和北京—济南航段先后投入运营。

1921 年 3 月，北洋政府交通部成立航空险管理局，规划了全国 25 条航线，其中 5 条主航线、12 条次航线、8 条直线，开始了民航飞行业务。但是在兵荒马乱的年代，飞行费用昂贵，无论是民用航空还是军用航空都很难得到全力发展。

1929 年，南京国民政府成立了沪蓉航空线管理处，购买美式小型客机 4 架，聘请外籍教练 2 名、机械员 1 名，中国籍飞行员 3 名、机械员 9 名。计划经营上海—南京—汉口—宜昌—重庆—成都航线，但计划并未完全成行，1930 年 8 月，沪蓉航空线管理处并入中国航空公司。

1927 年以后，中国民航开始与外国合作发展，1928 年美国柯蒂斯-怀特公司的子公司美国航空发展公司与国民政府谈判、签订协议，包括《中美航空邮务合同》，创办及经营航空学校、工程和航空运输公司合同，空港金元借款合同。1929年5月1日，成立了中美合营的中国航空公司，史称“前中国航空公司”。美国航空发展公司与中国签约的目的就是要推销航空产品、开辟旧金山到上海的航线，所以在协议签订后不久，就将《中美航空邮务合同》中的全部权益转让给了新成立的美国飞运公司。《中美航空邮务合同》严重侵害了中国权益，引起我国社会各界极大的愤慨，人们通过示威、大罢工表达着自己的不满。终于，1930年中方正式提出修改《中美航空邮务合同》，并成立新公司，即中国航空公司。

1931年，中德合办了欧亚航空，希望通过中德合资，建立和经营德国通往中国的航空运输企业。但是苏联顾虑纳粹德国可能利用欧亚航空飞机进行军事侦察，所以拒绝飞经苏联领空，迫使欧亚航空逐渐成为经营中国国内航线的企业。在抗日战争爆发后，国内民用航空势头衰落，欧亚航空连续出现亏损。1943年，欧亚航空改组为中央航空运输股份有限公司，直属交通部。

除了“两航”外，地方还组建了西南航空公司，国民政府与苏联合办了中苏航空公司，美国空中顾问陈纳德组建了陈纳德空运队等，我国民航逐渐发展起来。

（四）中华人民共和国成立前中国共产党领导下的军用航空

早在1924年，高瞻远瞩的中国共产党就通过一切途径培养航空技术人才。1924年9月—1949年11月11日，在中国共产党领导下，军用航空得以在斗争中艰难萌芽。

1924年1月，国民党与中国共产党建立革命统一战线。在中国共产党和苏联顾问的推动与帮助下，1924年5月，孙中山先生在广州创办黄埔军校，同年7月，在广州大沙头创办航空学校，9月开学。国民党航空学校第一期学员主要来自于黄埔军校毕业生，其中就有共产党员刘云和后来在苏联参加共产党的唐铎等人。经过一年左右的飞行训练后，他们被送到苏联深造。1925年7月，航空学校招收第二期学员42名。1926年6月，从第一期留校毕业生和第二期学员中选出12人送苏联学习，其中有常乾坤等共产党员。

1927年，蒋介石发动“四·一二”反革命政变，国共合作破裂。中国共产党为了继续培养航空技术人才，曾先后两次从当时在苏联留学的共产党员、共青团员和进步青年中，选调人员转入苏联航空学校学习。第一次是1927年9月，选调在莫斯科中山大学学习的王弼等 12 人；第二次是 1935 年 9 月，选调在莫斯科东方大学和列宁学院学习的刘风、王琏等 7 人。在苏联学习航空技术时期，我党这些早期学习航空技术的先驱们，既要攻克艰涩难懂的航空技术知识，又要时刻关注国内革命情况，准备随时受命回国建设航空事业，以大无畏的革命精神和不懈努力完成党交给的任务。其中，常乾坤、王弼、唐铎等人后来成为创建人民空军的领导和骨干。

1933 年，新疆督办盛世才打着抗日救国的旗号，得到苏联政府的援助，扩建了新疆边防督办公署航空队，附设航空训练班（对外称航空学校），公开招生。为了培养和储备航空技术人才，在当时中国共产党驻新疆代表陈云同志“借巢育鹰”的谏言下，党中央决定从西路军新兵营中选拔 43 名红军干部，按照先学习文化知识，再学习特种技术的步骤，于 1938 年初到航空训练班学习，其中，机械班学员 18 名。1942 年，随着国内外局势变化，盛世才公然亲蒋反共，将航空训练班的红军学员监禁长达 3 年零 9 个月，直到 1945 年重庆谈判后，新疆航空队的航空人才们才辗转千里回到延安。革命先驱们身在囹圄之中不忘革命，在严刑拷打中继续学习，他们的革命精神一直滋养着后世的航空人。

1938 年前后，中国共产党在国民党统治区的地下党组织，还曾安排一批青年共产党员报考国民党空军飞行学校和机械学校，并通过地下党的工作，争取国民党空军飞行学校和工厂的进步青年、航空技术人员投身到革命队伍中来。

除了被派往国民党航空学校、苏联航空学校、盛世才航空训练班等学习航空技术的人才外，早期航空技术人才还包括在维护和驾驶飞机时，不断探索和自学成才的航空先驱。1930 年 2 月 16 日，鄂豫皖边区政府俘获了一架美制“柯塞式”飞机，这架飞机因大雾迷航迫降在了河南省信阳市罗山县宣化店镇陈家河滩。飞行员经教育后参加革命，党中央紧急从延安调派一名学习过航空工程的人员，与当地的铜匠、锁匠和钟表匠共同维护飞机，并在机身上涂装了“列宁”二字。“列宁”号升空的背后，是第一代机务人员“逢山开路、遇水架桥”的拼搏精神。

抗日战争胜利后，中共中央决定在东北成立航空学校，为建立人民空军培养和储备人才。1946 年 3 月 1 日，东北民主联军航空学校（简称东北老航校）在通化成立，这是中国共产党领导的人民军队创办的第一所航空学校。

1946 年 3 月—1949 年 10 月，东北老航校共培养各类航空技术干部 560 名，其中航空机务人员 322 名，为日后人民空军的建立培养了一批懂航空的军事、政治、工程技术、后勤干部。东北老航校的飞机维护和修理工作，不仅保障了当时航校飞行训练的需要，也为人民空军航空机务系统的建立和新中国航空工业的发展奠定了基础。

东北老航校从筹建到办学，一路艰辛，面临诸如物资器材奇缺、人员成分复杂、敌特破坏等巨大困难。可是东北老航校人不怕艰苦、不畏强敌，靠着坚定的信念、强大的意志和创业的热情，在短时间内建校办学。毛泽东主席高度肯定东北老航校的历史功绩，称赞他们“为今后正式建立空军作了准备，培养了一批种子”。东北老航校形成的“团结奋斗、艰苦创业、勇于献身、开拓新路”的东北老航校精神，激励着一代代空军机务人员不懈奋斗。

三、新中国的航空机务历程

（一）新中国空军航空机务的发展

从 1949 年 11 月 11 日中国人民解放军空军成立，到 1976 年 10 月“文化大革命”结束，这一时期是空军航空机务形成和曲折前进的时期。

中华人民共和国成立前夕，为了完成大规模组建空军部队的任务，中共中央决定尽快组建一批航空学校。空军领导提出“一切为了办好航校”的行动口号，从 1949 年 8 月到 1950 年 1 月，在东北老航校的基础上，迅速建立了 7 所航校，实行同校速成培训空地勤人员。

根据中共中央和毛泽东主席赋予空军“创造一支强大的人民空军，歼灭残敌，巩固国防”的任务，1950 年 12 月，空军司令员刘亚楼在空军航空机务工作会议上提出“在陆军基础上建设空军”的方针，并在 1951 年 2 月召开的空军党委第一次扩大会议上正式确定下来。此后，根据这个方针，不断从陆军作战部队和各地军政大学按照规定条件选调经过战争锻炼的优秀干部到空军工作。

1949 年 12 月，空军政治部提出培养人民空军战士的 4 条标准：（1）忠实于祖国，忠实于人民，忠实于中国共产党；（2）具有高度的爱国主义和国际主义精神；（3）钻研、掌握航空业务知识与技术；（4）具有政治坚定的、自觉遵守纪律的、集体主义的、革命英雄主义的、准确敏捷的作风。这 4 条标准，充分体现了我军的人民军队性质，保证了空军文化建设坚定正确的政治方向。

在空军成立后，面临国土防空、歼灭国内残敌和参加抗美援朝作战任务。年轻的人民空军边打仗边建设，在战斗中成长。通过完成作战保障任务的考验，增强了航空机务人员的战斗意志，使航空机务文化在建设伊始就经受战火洗礼，凝聚了强烈的战斗精神。

1950 年底，人民空军组建中国人民志愿军空军，以轮战的方式参加抗美援朝战争，航空机务系统经历了作战全过程。参战的航空机务人员坚决贯彻执行毛泽东主席“在战斗中成长”的指示和空军党委提出的“一切为了战斗胜利”“胜利表现在天空，胜利保障在地面”的口号，以及对机务工作提出的“故障不过夜，故障不上天”的要求，克服重重困难，经受住了严峻的考验。

在参战初期，空军组织机务人员进行了为期半年的短期速成训练，机务人员维护飞机的时间很短，没有作战保障的经验。在参战后，机务人员以“一切为了战斗胜利，一切为了阶级兄弟”的责任感和发扬“克服困难、顽强拼搏，不怕疲劳、连续作业，团结协作、互帮互学”的精神，为航空机务文化积淀了宝贵的精神财富，对航空机务文化的形成起了重要作用。

在抗美援朝战争结束后，根据中央军委确定把中国人民解放军建设成为一支优良的、现代化的革命军队的总方针和总任务，空军从学习借鉴苏联空军的经验，逐步转到总结自己的建军经验，进入全面建设时期。这一时期，航空机务系统在维修思想、法规制度、维护作风、教育训练等方面取得明显进步，航空机务文化也进入了全面建设的阶段。

在空军建立初期，机务保障的重点放在发现和排除故障上。随着维修经验的积累和对故障规律的研究，机务部队越来越重视故障的预防。1954 年 10 月，空军工程部召开会议，初步形成了预防为主的维修思想。1965 年 4 月，明确提出：“对待故障必须贯彻预防为主、预防和排除相结合的原则，既要及时发现和排除故障，更要积极主动地预防故障。”自此，航空机务维修思想从事后维修转变为预防为主。

在“预防为主”维修思想的指导下，1958 年空军各航空兵部队、航校在广大航空机务人员中开展群众性提高飞机维修质量的活动。1959 年 7 月，空军工程部召开飞机“四无”工作座谈会，确定飞机“四无”为“无故障，无缺陷，无锈蚀、油垢，无外来物”，并对开展“四无”活动的标准和要求进行了研究部署。1960 年 6 月，空军工程部又组织开展了“一上三化”活动：“正式技术文件中所规定的各种维护数据、要求，要上飞机；检查飞机量具化；仪器设备标准化；各种检查、操作、试验规程化。”“一上三化”活动，促进了“四无”活动与落实各项技术规定和标准更加紧密地结合起来，也使飞机维修质量的检查衡量有了更明确的技术依据。“四无”和“一上三化”活动对于强化航空机务人员的维修质量理念，提高飞机完好率起了重要作用。

建立健全的维修法规制度，维修制度文化初见雏形。在空军创建初期，航空机务法规是同飞机一起从苏联引进的，因此在空军成立后的一段时间里，航空机务法规仍是沿用外军法规，我军航空机务法规体系几乎空白。1960 年开始，空军全面总结我军航空机务工作经验，以我军为主编写航空机务法规。1965 年 4 月，空军颁发了《空军航空工程机务条例（草案）》。1975 年 9 月，空军又颁发了第一部自主编写的《空军航空部队修理工作条例（试行本）》。这两部航空机务系统基本法规的编写和颁发，标志着我军航空机务法规进入了自主建设的新阶段。这些航空机务法规的建设成果，增强了航空机务人员的法规意识，推进了航空机务工作规范化、制度化，也形成了航空机务制度文化的雏形。

培养优良维护作风，确立航空机务人员行为规范。航空机务优良维护作风，是广大航空机务人员在与飞机故障和维修差错作斗争的长期实践中逐步形成的作风，是空军航空机务系统对我军优良传统和作风的继承与发扬。1965 年，空军将航空机务优良维护作风概括为“忠诚老实、认真负责，按章办事、一丝不苟，准确迅速、密切协作，刻苦耐劳、连续作业”32 个字。这是第一次对航空机务优良维护作风的正式界定，为航空机务人员确立了行为规范，是航空机务行为文化建设的重要成果。

20 世纪 60 年代前期，在全国学习雷锋、全军学习郭兴福教学法开展大练兵的历史条件下，空军航空机务系统通过贯彻“预防为主”的维修思想，开展飞机“四无”活动和倡导优良维护作风，在机务人员中涌现出一大批先进典型，夏北浩就是其中的杰出代表。“夏北浩检查法”的总结和推广，是航空机务文化发展历程中具有时代意义的事件，对航空机务文化的不断完善产生了重大而深远的影响。

“夏北浩检查法”是一套集先进的思想、科学的方法为一体的检查维护飞机的方法，概括为“三个负责、三想、四到、四个一样、两化、三要”。其中，三个负责：对战斗胜利负责，对战友安全负责，对国家财产负责。三想：工作前想规范和要求，工作中想方法和步骤，工作后想有没有漏洞。四到：在检查飞机的每一个机件、每一个部位时，都要按条令、条例规定的要求和实际需要，该看的看到，该摸的摸到，该听的听到，该嗅的嗅到。四个一样：领导不在场和在场一样，冷天、热天和一般气候条件一样，飞机没有故障和有故障一样，飞行结束得晚和早一样。两化：检查飞机路线化，操作程序化。三要：要积累经验摸规律，掌握渐变防突变；要做好经常性的维护保养工作；要对飞机了如指掌。

“夏北浩检查法”在机务维护实践中，凝结出以“对战斗胜利负责，对战友安全负责，对国家财产负责”的“三个负责”精神为核心和精髓的夏北浩精神，这是空军航空机务文化的核心价值内容的重要组成部分，是广大机务人员崇高价值观念的具体体现。“夏北浩检查法”的推广和夏北浩精神的弘扬，有力地推动了航空机务文化建设。

1966 年 5 月—1976 年 10 月“文化大革命”时期，由于部队坚持正面教育，因此，机务部队基本保持稳定。广大机务人员坚守岗位，抵制各种冲击和干扰，努力完成各项保障任务，机务工作在艰难曲折中前进。机务文化在这一阶段得以发展，并正面影响机务人员，为在“文化大革命”中抵制各种干扰破坏、完成各项工作任务提供精神支撑，发挥了重要作用。

1976 年 10 月，粉碎江青反革命集团的胜利，结束了“文化大革命”十年内乱。1978 年 12 月，中国共产党十一届三中全会召开，党和国家的工作重点转移到社会主义建设上来。中国人民解放军以建设现代化、正规化的革命军队为总目标，进入了历史新时期。空军以建设现代化为中心，加快了改革和建设的步伐，取得了许多新成绩，推动航空机务文化进入了发展时期。

1984 年 2 月，32 个字的优良维护作风被进一步精炼为“认真负责、准确迅速、团结协作、刻苦耐劳”16 个字，作为航空机务人员行为规范和作风建设的标准，一直沿用至今。

1987 年，空军颁发《机务人员六项素质标准》，对航空机务人员的素质提出明确要求，成为航空机务人员自省反思和提高进步的标准，直到今天还在影响着机务人员。

进入 21 世纪，我军始终重视航空机务人员队伍建设，先后制定多项决定，对机务人员队伍和人员素质提出符合时代的要求。

1988 年组织编写出版了《航空工程机务人员职业道德》专著，对机务职业道德的内涵进行了初步探索。1998 年，空军对各类人员的职业道德作出规范，把航空机务职业道德界定为“极端负责、精心维修”，为航空机务职业道德建设提供了依据，对广大航空机务人员增强爱岗敬业精神，自觉践行道德规范，发挥了重要作用。

进入新时代，全世界范围内，军用航空迎来了飞机更迭的新机遇，我国也通过自主研发和改装迭代的方式进入装备新时代。飞机的更新换代带来航空机务系统的快速发展，航空机务系统建设进入逐步成熟的阶段。

（二）新中国民用航空机务的发展

1. “两航起义”的机务保障

20 世纪 40 年代后期，随着解放战争的节节胜利，国民党统治区域逐渐缩小，两航的机航基地于 1948 年底开始分别从上海和广州陆续向香港迁移。辽沈、平津、淮南三大战役相继告捷，极大地影响、鼓舞了两航人员。1949 年 6 月，国民党政府正在紧锣密鼓地逼迫两航迁移至台湾。中共中央也作出了策动两航起义的决定，同年 8 月，中共中央派吕明、查夷平专程到香港负责起义事务。同时，绝大多数两航员工不愿意赴台，在“反对迁台”的口号鼓舞下，团结一致，成立了“港九民用航空职工总会”。为顺利实现起义壮举，两航机务人员作了大量艰苦的准备工作，并为计划留港的飞机做好保养和防卫工作。

在起义前，起义指挥系统组织少数机务人员参加飞机的准备工作，遴选了 12 架使用时间短、性能相对较好的飞机，并逐架进行细致的特种检查，准备在 1949 年 11 月 9 日执行飞行任务。他们有的查看飞机《飞行记录本》，了解飞机情况；有的仔细检查飞机各系统，排除故障，确保飞机完好；有的检查飞机油箱，充填油料，以备长途飞行；航空器材部分的同志准备好将要运走的备件器材。1949 年 11 月 8 日午夜，组织机务人员将带回大陆的保障设备，如飞机的千斤顶、小型发电机，加温机和各种专用工具，以及准备好的器材全部装进北飞飞机的机舱内，并按照指示在每一架留港暂时不飞的飞机上制造故障，拆除一些关键机件，在飞机驾驶舱内挂上“不准试车”的警告牌，防止国民党和美方强行劫走飞机。

两航飞机主要集中在九龙地区，该地毗邻海岸，空气潮湿、海水腐蚀性强，加上港英当局的恶意阻挠，大批飞机不能飞行。为了保证起义后续胜利，机务人员立即采取措施，对全部飞机采用封藏措施，加强防风系留。对国民党可能进行的破坏也提早作了准备。从宣布起义的当天起，民航机务人员就以各机型维护工作组为单位，轮流看守飞机；内勤修理车间也同样成立了纠察队，昼夜轮班保护飞机和厂房设备。

1949 年 11 月 9 日清晨，中国航空股份有限公司总经理刘敬宜和中央航空运输股份有限公司总经理陈卓林率领部分起义人员分别乘坐 12 架飞机，从香港起飞，顺利到达北京、天津，并发表起义通电，两航顺利起义。

1949 年 11 月，两航起义为新中国民航事业带来了大量航空人才和部分航空装设备，为新中国民航提供了重要的人才和物资基础。

2. 建立飞机修理厂，修复飞机

新中国民航的国内运输业务是从 1950 年 8 月 1 日正式开始的，史称“八一开航”。

两航起义后，为新中国带回了部分飞机和一些航空器材、设备，以及航空人才，1949 年 11 月 9 日，两航在香港宣布起义时，两航机务队伍有 1500 余人，其中，在起义后回大陆的有 1000 余人，新中国成立时在大陆各站留守的有 200 余人，在起义后仍在台湾各站及从香港离职的有 200 余人。

由于航空零件和备用器材存量有限，即使按照“小飞原则”经营民航，也无法持续保持民航航班的正常飞行。因此，军委民航局当即决定在太原和上海成立机械修理厂，为中华人民共和国初建时期的民航机务建设奠定了坚实的物质技术基础。

两航机务队伍具有较强的机务维修能力和较高的技术水平。其中既有合格的工程技术人员，又有熟练的航空技术工人，门类比较齐全，经验比较丰富。1950 年 7 月，民航局机航处提出在太原建立飞机维修厂的建议，经民航局报周恩来总理批准，1951 年 1 月 15 日，在太原动工，两航起义人员和太原空港工程处的同志一道投入工厂的建设中，工厂于 1951 年 5 月 1 日成立。全厂共有 13 个车间和 1 个外勤组，机务人员 251 人，主要负责发动机修理、飞机机身机内设备修理、航空仪表和各种零附件修理，以及地面设备和工具制造。

1949 年 5 月，上海解放，两航留在上海的员工约 600 人，以及在龙华机场的机库、厂房、器材仓库和一批停飞已久的破旧飞机全部由华东军区空军司令部民航办公室接管。1950 年 5 月，民航局成立了上海办事处，并统一承办民航办公室的工作。当时除了有留护的两航员工外，还有在两航起义后由民航局分配来的复员人员 200 余人，800 余人中机务人员占三分之一。为响应号召，配合“八一开航”，民航上海办事处从留沪人员中抽调机务人员 90 余人，成立修理队，开始修理被遗弃在龙华机场上的部分破旧飞机。

1951 年，民航局宣布成立民航局上海机械修理分厂（后改为民航局第二修理厂），分厂初建时期的工作遇到了重重困难。当时全厂在编员工 330 人，绝大多数是两航起义时的留守人员。由于待修飞机都已停飞多年，长期未曾养护，零附件年久失修或残缺不全。在缺乏工具、设备备件的情况下，飞机修理工作难以顺利进行。为解决工具设备问题，除动员两航员工捐献一批自用工具外，还组织机务人员检修早已废置的设备，并设计和自制一些必需的机务设备，以克服设备不足的困难。工厂又组织有经验的机务人员，对被遗弃在野草丛生的机场上的飞机和发动机进行了全面检查，根据其技术状态鉴别其是否可以修复或利用。然后组织技术力量，按专业分工，区别不同情况，分别进行修理工作。对仍可修理的发动机油封后装箱运往太原机械修理厂翻修；对无法修复的飞机和发动机则进行分解，拆下其可用的零部件，送内场检修作为备用零部件，以解决备用器材缺乏的困难。

1950 年“八一开航”至 1951 年底，在民航局的领导下，民航修理厂一共修复 C-16 型飞机 14 架和 C-47 型飞机 2 架。增产节约的价值就达到 410 亿元左右。另外，还修理好数以万计的飞机零部件，使新中国民航的运输飞机从两航起义时的 12 架增加到 28 架，大大提高了客货运载能力，增加了飞行安全的机务保证，为新中国民航的建设事业作出了巨大的贡献。

3. 开创通用航空

“人民航空为人民”，这是新中国民航事业的宗旨。为进一步提高民航使用效益、拓宽应用范围，1951 年初在广州市上空用 C-16 型飞机喷洒化学药剂消灭蚊蝇，这是新中国民航用飞机从事通用航空飞行的第一次。1952 年初，民航成立了航空护林队，执行东北护林防火任务。逐渐地，民航每年都派出飞机执行各项为农收生产建设服务的飞行作业，成为民航的经常性业务。

初期，通用航空飞机的机务保障工作，都是由天津航空站的机务工作队派出机务人员负责执行的。1952 年 7 月，中国人民航空公司成立，机务工作队归公司领导。由于执行任务的地点分散且规模不同，使用机型不尽相同，因此，机务组织也不是很正规。一般选派外场维修人员随机工作，每三架飞机临时成立一个维修小组，另加派特种设备维修人员一人，每个小组均指定一名小组长，负责三架飞机在野外执行任务时的全部维修机务工作。待作业任务完成后，便返回天津基地，随机机务人员则仍回到原来的维修组工作。

4. 培养民航人才

中国民航为适应业务发展的需要，急需培养技术业务人员。1950 年下半年，民航局局长钟赤兵下令成立四所学校，同时到各地招生。其中，第一民航学校设在重庆，以培养电信、气象、财务等业务人员为主；第二民航学校设在天津，主要培养空勤人员，并用从捷克引进的苏格尔飞机，作初级飞行训练，但当时该校还未设立机务组织，新到的训练飞机，从安装到日常的维护保障，都由天津机务工作队派出维护组执行；第三民航学校设在上海，曾计划以培训地面机务人员为主，但很快该校就转给当时的重工业部航空工业局；第四民航学校设在北京，培养俄文人员。

1952 年 5 月，政务院、中央军委作出《关于整编民用航空的决定》，将民航行政管理机构和业务经营机构分开，改设民用航空局和人民航空公司。民用航空局成为民用航空事业的行政领导机关，负责管理和指导人民航空公司的航线路线、技术标准、安全制度、器材规格和技术人员的审定等工作。人民航空公司则为经营运输航空和通用航空的业务机构，在经营业务和财务上为独立的企业单位。人民航空公司成立后，民航原天津机务工作队改属公司建制，由其机航部门领导，原民航局所属各航站机务工作队及基层维护组，统归公司直接领导。

1954 年 1 月，经中央军委副主席周恩来、彭德怀批准，撤销中国人民航空公司，并与民用航空局合并，实行政企合一。公司各处室人员由局分别调至各有关单位工作。北京机务队的工作改由局机务处领导，公司各航站的外勤维护组改属当地民航站建制，由各航站管理。

5. 中苏民航公司的机务工程建设

中华人民共和国成立初期，根据中苏两国政府于 1950 年 3 月 27 日签订的《关于创办中苏民用航空股份公司的协定》，于同年 7 月正式成立中苏民用航空股份公司。公司成立的时代背景是两航起义后，美帝国主义勾结港英当局对起义后留在香港的飞机、设备和器材进行非法冻结，妄图封锁中国对外空中交通。中苏民用航空股份公司的成立，使中国与东欧各国的联系成为可能，并且苏方帮助新中国培养了一批技术人员。在中苏合营的工作中，中方人员不断汲取新知识，得到新锻炼，到 1954 年底，在该公司全部业务移交中国自行经营时，我方机务人员已经能够顺利接手机务工作。

6. 民用航空机务的初步发展

从 1955 年起，民航机务工作采用了苏联民航维护与修理分开的管理体制，民航局的机务领导机构机务处内设立了维护科和修理科，分管外场维护和内场修理工作。保障各型飞机飞行的外场各级维护工作由各地区管理处或队（校）的机务部门及其所属航站机务组负责；各型飞机的特修、大修、中修、加改装及零附件修理工作均由北京飞机维护队负责。

1956 年 5 月，北京飞机维护队奉命改名为民用航空局北京飞机修理厂，1960 年更名为民用航空局一〇一厂，简称民航一〇一厂。1958 年，民航局决定在上海地区另建小型飞机修理厂，以承担运 5 飞机修理任务。1960 年 1 月，上海飞机修理厂成立，1960 年 11 月，更名为民航一〇二厂。1965 年，成都管理局成立民航一〇三厂筹建处，民航一〇三厂历时一年半，于 1966 年 10 月投产。

1958 年 2 月 27 日，中国民用航空局划归交通部领导，航空维修的立法也在建设之中。1959 年 6 月《中国民航机务条令》颁发，这部条令应该是中华人民共和国成立后第一部关于航空维修的法规。

1961 年，党和国家对国民经济实行“调整、巩固、充实、提高”的决定。1962 年 4 月，第二届全国人民代表大会常务委员会决定将民航局名称改为“中国民用航空总局”。随后，中央决定将中国民用航空总局由交通部属改为国务院直属局，其业务工作、党政工作、干部人事工作等均直归空军负责管理。民航一〇一厂和一〇二厂在这一时期总结经验和提升管理，总结出了里-2、伊尔-14、运5等型号飞机的修理工艺规程，制定了一系列有关生产、计划、技术管理、检验程序和航空器材保管等规章制度。虽然这一时期民航业受到了“大跃进”运动和国民经济三年困难期的影响，但是民航维修还是取得了快速的发展。

1965年，时任局长邝任农和政治委员刘锦平签发《中国民用航空工程机务条例》。

7. 民航航空机务的恢复发展

1971年10月，第26届联合国大会恢复中华人民共和国在联合国的一切合法权利。同年11月，国际民航组织第74届理事会承认中华人民共和国为中国驻国际民航组织的唯一合法代表。1972年2月，美国总统尼克松访华，签署《上海公报》，中美关系改善。1972年9月，日本首相田中角荣访华，中日签署《联合声明》，中日邦交正常化。随着中国对外国际交往日益频繁，新型喷气式飞机进入中国。1973年8月，中国大陆接收订购的首架波音707客机（飞机注册号B-2402）。1974年5月，“三叉戟”客机交付中国民航。这些飞机的交付标志着中国民航正式进入喷气时代，也标志着中国民航开启了现代化发展的新篇章。

这些飞机都以大功率涡轮风扇喷气发动机推进取代了螺旋桨推进，飞机结构更多使用了铝蜂窝、玻璃钢及钛合金等新材料、新工艺，其加工运用了胶接、挤压成形技术，电子设备广泛采用集成电路。国际上最新先进飞机的引进，对广大机务人员的维修技术提出了更高要求。

1975年，总局指挥部发布《中国民用航空机务条例》。这部条例共十三章，一百九十五条，包含了机务维修的组织实施、航前航后、外场修理、定检、结构修理、动力装置维护、特种设备维护、换季、技术资料管理、安全防护、人员培训等。在这部条例中，航空器的三证要求首次出现。

在党的十一届三中全会后，航空运输和通用航空业务迅速增长，民航机务部门通过整顿、恢复，逐渐进入新的发展时期。20世纪70年代后期，中国引进了英国“三叉戟”、美国波音707等大型客机，逐渐对国际上突飞猛进的航空技术发展有所了解。此时的飞机，从设计起已普遍采用了可靠性理论，维修方式方法也摒弃了全部定时维修的概念，采用了以视情维修、状态监控为主，定时维修为辅的新方案。中国民航自1955年效法苏联民航实施的维护和维修分开的管理体制，逐渐暴露出一些缺点：一是维护和修理本来是机务工作中相辅相成的两个不可分割的组成部分，实行维护、修理分开管理，各自独立经营核算，结果是维护和修理之间强调分工的多，重视合作的少；二是维护和修理分开导致机构重复、设备分散、难以及时支援等问题，而且飞机送修进出厂交接手续繁琐，费时费力，不利于提高维修工作效率。

1978年，经国务院批准，民航总局设置航空工程部（后改称航空工程局），负责全局机务工程工作，原分设于总局指挥部和后勤部的机务处和工厂管理处改由航空工程部管辖，恢复了机务系统内外场维修的统一领导。

同一时期，民航企业化也在推进。1980年2月，邓小平同志指出："民航一定要企业化。"同年3月，中国政府决定民航脱离军队建制，把中国民航局从隶属于空军改为国务院直属机构，实行企业化管理。这期间中国民航局是政企合一，既是主管民航事务的政府部门，又是以"中国民航（CAAC）"名义直接经营航空运输、通用航空业务的全国性企业。下设北京、上海、广州、成都、兰州(后迁至西安)、沈阳6个地区管理局。

8. 民用航空机务的维修体制改革

1981年1月，民航总局将首都机场的飞机维护部门和内勤飞机修理部门(民航一〇一厂）合并为北京维修基地，成为北京管理局领导下实行独立经济核算的维修企业。1982年11月，北京维修基地召开首届维修管理和维修技术专题报告会，这次会议重点介绍了美、苏等国广泛采用的"以可靠性为中心的维修理论"和MSG-2及MSG-3逻辑决断方法。这次报告会使中国民航第一次以专业技术会议的形式探讨维修理论及改革问题，对维修方式和方法的改革起到了一定的推动作用。

1983年10月，《中国民用航空机务工程条例》颁发，这部于1984年1月1日开始执行的条例，共八章，两百四十余页，包括航空器的初始适航管理、持续适航管理及航空人员，还涉及劳动保护和事件调查，可以说是当前中国民航规章CCAR-39部、CCAR-43部、CCAR-45部、CCAR-145部、CCAR-395部、民航行业标准和《中华人民共和国劳动法》的组合。这部条例具有重要的历史意义，首次以法规的形式提出维修“以可靠性为中心”的要求，使中国民航维修基础理论与国际主流接轨，中国民航现代适航管理也是从这部条例开始起步的。

9. 民用航空机务的持续发展

1986 年 3 月，时任中国民航局局长胡逸洲率团访问美国，与美国联邦航空局签署了《中美航空技术合作协议》。同年 10 月 8 日，美国联邦航空局向中国民航北京维修基地颁发了 7 个项目的维修许可证，这是中国民航取得的第一个飞机维修国际认证。

1987 年，中国政府决定对民航业进行以航空公司与机场分设为特征的体制改革。主要内容是将原民航北京、上海、广州、西安、成都、沈阳 6 个地区管理局的航空运输和通用航空相关业务、资产和人员分离出来，组建了 6 个国家骨干航空公司（中国国际航空公司、中国东方航空公司、中国南方航空公司、中国西南航空公司、中国西北航空公司和中国北方航空公司），同年成立了中国通用航空公司。

1987 年 5 月，国务院颁布《中华人民共和国民用航空器适航管理条例》，条例规定若想承担在中华人民共和国注册登记的民用航空器的维修业务，则必须向民航局申请维修许可证；维修技术人员必须考核合格并取得执照或相应的证明文件后，方可从事民用航空器的维修及放行工作。《中华人民共和国民用航空器适航管理条例》的颁布，标志着中国民航维修进入现代适航管理时期。

1988 年 11 月，胡逸洲局长签发了 CCAR-145 部《维修许可审定》。20 世纪 70 年代，全面质量管理（TQC）在国内推广，第一版 CCAR-145 部吸收了全面质量管理的理念，首次提出了维修单位必须符合的“五三”原则，“五”指厂房设施、工具设备、技术文件、人员和器材；“三”指申请人必须建立严格的质量、工厂和生产三个控制系统。该版规章将维修单位分为“国内维修单位”“国外维修单位”和“地区维修单位”，并确立了维修许可证申请、颁发的一般规则。在维修类别分类上，该版规章吸收了 FAR-145 部的分类方法，将维修类别分为机体、动力装置、螺旋桨、无线电设备、仪表、附件六大类别和有限项目类别。

1993 年 2 月的第一次修订，将《维修许可审定》更名为《民用航空器维修许可审定的规定》。本次修订，确立了六大类维修工作类别和八大类维修项目类别，并加入了“维修单位手册”的概念。对于维修单位，则增加了“制造厂维修单位”。对维修证明文件，明确了证明文件的形式。

1993 年 4 月，民航局由副部级调整为正部级，名称改为中国民用航空总局，属国务院直属机构。

进入 20 世纪 90 年代，民航法规开始走向系统化。1996 年 3 月颁布实施的《中华人民共和国民用航空法》对民用航空器国籍、民用航空器权利、民用航空器适航管理、航空人员、民用机场、空中航行、公共航空运输企业、公共航空运输、通用航空、搜寻援救和事故调查、对地面第三人损害的赔偿责任、对外国民用航空器的特别规定、涉外关系的法律适用、法律责任等民航涉及的各方面问题都做了规定。《中华人民共和国民用航空法》为维护国家的领空主权和民用航空权利、保障民用航空活动安全和有秩序地进行、保护民用航空活动当事人各方的合法权益、促进民用航空事业的发展，提供了重要的依据。

2001 年的第二次修订，将《民用航空器维修许可审定的规定》更名为《民用航空器维修单位合格审定规定》，将中国民用航空规章与美国联邦航空管理局（Federal Aviation Administration，FAA）、日本亚细亚航空（Japan Asia Airways，JAA）等民航当局相同规章进行充分对应。对维修项目类别进行了调整，取消了质量系统的检验和检验人员的规定，引入“三大经理”概念，增加了培训系统和培训设施要求。因 1996 年全国人民代表大会通过了《中华人民共和国行政处罚法》，本次修订还增加了“罚则”。

2002 年，国务院印发《民航体制改革方案》，对民航局直属 9 家航空公司进行联合重组。

（1）正式挂牌六大集团公司，分别是中国航空集团公司、东方航空集团公司、南方航空集团公司、中国民航信息集团公司、中国航空油料集团公司、中国航空器材进出口集团公司。

（2）民航政府监管机构改革，民航总局下设 7 个地区管理局（华北地区管理局、东北地区管理局、华东地区管理局、中南地区管理局、西南地区管理局、西北地区管理局、新疆管理局）和 26 个省级安全监督管理办公室（天津、河北、山西、内蒙古、大连、吉林、黑龙江、江苏、浙江、安徽、福建、江西、山东、青岛、河南、湖北、湖南、海南、广西、深圳、重庆、贵州、云南、甘肃、青海、宁夏），对民航事务实施监督。

（3）机场属地化管理改革，按照政企分开、属地管理的原则将机场下放至所在省（区、市）管理（首都机场和西藏自治区内民用机场继续由民航总局管理）。

2004 年，中国当选为国际民航组织一类理事国。

2005 年的第三次修订，吸收了有关人为因素的研究成果，增加维修人员的体检和工作时间限制，强化了人员资格和培训要求，并根据《中华人民共和国行政处罚法》，完善了处罚的名称和设定。本版修订，将“国内维修单位”“国外维修单位”和“地区维修单位”合并为独立的维修单位，分离出“航空运营人的维修单位”。

2006 年 3 月，国际民航组织理事会通过了对附件 6《航空器运行》的修订，增加了国家要求航空运营人实施安全管理体系的要求。2007 年 3 月，民航总局颁发《关于中国民航实施安全管理体系（SMS）建设的通知》。

2007 年 4 月，中国民用航空维修协会在北京成立。

2008 年 3 月，中国民用航空总局由国务院直属机构改制为部委管理的国家局，同时更名为中国民用航空局。随着我国民用航空器的自主研发和创新，中国民用航空机务不断发展，更新维修理念、创新维修方法，不断获得更新更快的发展，逐渐成为国家经济体系中越来越重要的存在。

进入新时代，中国民用航空事业进入新的发展机遇期，随着我国取得疫情防控重大决定性胜利，全国经济形势整体回暖，民用航空迎来新的发展契机。2023 年全国民航工作报告指出，必须认真学习贯彻党的二十大精神，贯彻中央经济工作会议精神，摒弃要素投入驱动的粗放发展方式，从过去的重规模、铺摊子转变到重质量、提效率、讲效益上来，推动行业更好统筹质的提升和量的合理增长，着力提升全要素生产率，走高质量发展之路。民航机务维修行业也将顺应新的历史发展趋势，更新维修理念，用更科学、更高效的维修方式助力中国民用航空事业的长足发展。

四、历史链接

（一）新疆航空队

逐梦蓝天是印刻在中国人血脉中的追求，戍卫空疆则是人民军队责无旁贷的重任。早在第一次、第二次国内革命战争和抗日战争时期，富有远见卓识的中国共产党，就利用各种机会、通过多种途径，培养和储备航空技术人才，为人民空军的建立奠定基础：1924年，国共第一次合作时期，中国共产党挑选人才到广东大沙头国民政府航空学校学习；1925年，从航空学校第一期学员中选派了包括刘云、唐铎等4名共产党员赴苏联学习航空技术；1925年7月，航空学校招收42名第二期学员；1926年，在第一期留校生和第二期学员中选送12人赴苏联学习，其中包括常乾坤等5名共产党员。

1927年，蒋介石发动“四·一二”反革命政变，国共合作破裂。中国共产党为了继续培养航空技术人才，又于1927年9月、1935年9月两次从当时在苏联留学的共产党员、共青团员和进步青年中选调19人转入苏联航空学校学习。

抗日战争爆发后，在中国共产党的积极推动下，抗日民族统一战线正式建立。新疆督办盛世才取得苏联政府的帮助，在新疆迪化（今乌鲁木齐）组建新疆边防督办公署轰炸机、伊-15型双翼歼击机和伊-16型单翼歼击机航空队，附设航空训练班，公开招收第三期飞行班和第二期机械班人员。当时，得知边防督办公署航空队航空训练班公开招生的消息，时任中国共产党驻新疆代表陈云向中共中央建议，要“借巢育鹰”，从红军中选一批人到航空训练班学习，为我党培养航空技术人才。

1937年7月，西路军到达新疆迪化后，改称“中国工农红军西路军总支队”，对外称“新兵营”，陈云同志根据“新兵营”人员的文化素质水平，将部队分成汽车、装甲车、炮兵、无线电、航空、军医等技术组，按照第一步补习文化、第二步学习技术的机械化步骤安排学习。“新兵营”的同志们学习很刻苦，每周学6天，每天学习8小时，等到八九个月以后，全体成员的文化水平都有了极大提高，大多都能认两三千个汉字。在征得盛世才同意后，共产党一共选派了43人在新疆航空队学习，按照成建制及空中作战力量的需要，分为飞行班和机械班，其中25人学习飞行，18人学习机械（新疆航空队飞行班：吕黎平、陈熙、方子翼、方华、方槐、夏伯勋、袁彬、黎明、赵群、安志敏、李奎、刘忠惠、杨一德、胡子昆、汪德祥、王东汉、王聚奎、杨光瑶、邓明、彭浩、张毅、龚廷寿、谢奇光、黄明煌、余天照，班长吕黎平。机械班：严振刚、朱火华、周立范、周绍光、丁园、陈旭、陈御风、刘子立、黄思深、刘子宁、金生、曹麟辉、云甫、吴峰、王云清、余志强、吴茂林、彭仁发，班长严振刚）。经过4年的刻苦学习和训练，这43名工农红军骨干系统全面地掌握了苏制乌–2型、埃尔–5型、伊–15型和伊–16型飞机的驾驶、维护和作战技能，成为搏击蓝天的首批红色雏鹰。而这支空、地勤配套的航空骨干队伍后来成为我党的空军“新疆航空队”。

1938年3月3日，新疆航空队举办了开学典礼。

在新疆航空队学习的日子是艰苦的，多方面的压力与苦难横亘在红军骨干面前，但是这些困难没有难倒要振翅高飞的红军战士。他们凭借坚强的毅力和一切困难作斗争。

1. 迎难而上学航空

新期班开学后，新疆航空队开设了专业基础理论课程：《航空历史》《飞行原理》《发动机原理》《飞机构造》《发动机构造》《领航学》《空战技术》《飞行规则》《航空气象学》等。红军选送来的这批学员虽然已经解决了识字的问题，有了一定的文化基础，但是面对复杂、高深的航空知识，仍然感觉压力大、专业学习困难多。在航空班开学之初，他们学习理论知识就像听天书，听不懂课程，答不出提问，常常受到其他学员的嘲笑，甚至有的教员还讥讽他们是“异想天开”“对牛弹琴”。

困难不会压倒勇者，挫折只会使他们快速成长。面对重重困难，哪怕是身陷囹圄，新疆航空队的前辈们也始终坚定信仰，坚持组织起来学习航空理论，凭借坚强的毅力，刻苦学习。他们想尽办法，用爬雪山、过草地的精神，克服航空理论中不易掌握的难题。大家把文化程度稍高的同志与较低的同志编成互助小组，建立包干制，不让一个人落下。教室成了攻破理论难关的战场，同志们经常通宵不眠地学习和复习。

为了学好理论，红军学员想了很多土办法：陈熙把青萝卜切成立方体，学习物体的体积，切成四方形、三角形，当作学习工具；安志敏为了帮助大家记住飞机构造，编了一首顺口溜：

一个脑袋二把刀（机头和两叶螺旋桨），

四个翅膀往上翘（四个机翼有上反角度），

三条铁腿踏飞轮（前面两个机轮，后面一个尾轮），

横竖尾巴在后梢（横的水平安定面和竖的垂直安定面）。

凭着这样的毅力和巧劲办法，新疆航空队的红军学员硬是咬下了艰涩的航空理论。学习一个月后，教官组织考试，红军学员人人及格，终于让教官们改观："从新兵营来的学员，文化程度比前两期都低，可是学习的钻劲、刻苦性，是前两期无法相比的，考试成绩比前两期好，真棒！"

经过4年多的刻苦学习训练，航空队的红军学员系统掌握了苏制乌-2型、埃尔-5型、伊-15型、伊-16型飞机的驾驶技术和维护技能，为将来我党建立人民空军储备了人才。

2. 身陷囹圄不忘志

1939年夏，正当航空队准备结束埃尔-5型飞机的训练时，随着国内形势紧张，国际风云激变，新疆刮起一股"疏远苏联，冷淡中共"的邪风。

其实，盛世才的摇摆不定早有端倪。1933年4月，在盛世才登上新疆督办的宝座后，就自称是"斯大林的忠实朋友"，从苏联要来一批武器装备，邀请苏联顾问、教官到新疆帮忙教育训练部队，扩大自己的势力。又自称是"毛主席的亲密战友"，同我党合作，从延安请来一批干部，帮助治理新疆政务，甚至还提出过要加入中国共产党的要求，伪装进步。后来，他又称自己是"蒋委员长的伟大战友"以求得到国民党的帮助。1939年，国际形势变化，盛世才下令停止红军学员的飞行训练。1942年7月10日，盛世才捏造、诬陷中国共产党要在迪化搞暴动，要求红军学员离开新疆航空队。1942年9月，红军学员遭到软禁，1944年11月，他们被关进第二监狱。身陷囹圄的红军学员遭受了严刑拷打，但是他们斗争不止，在狱中进行了两次绝食斗争。"百子一条心，集体回延安。"党组织的要求和期望支撑着红军学员，敌人百计难施，不得不承认："提共党八十八名分别谈话劝其投降，然结果均仍执迷不悟。"

党中央始终关怀着新疆航空队的同志们。1939年秋，周恩来同志从延安去苏联治伤和次年春回国途中经过迪化时，都代表党中央亲切接见了新疆航空队党支部的负责同志，对他们作了许多重要指示。当他听到大家考试成绩都在4分以上，已能操作、维护两种飞机时，高兴地说："将来建设我们自己的空军，有骨干，有种子。"

在新疆航空队学习的这批学员被盛世才关押后，中共中央曾多次设法营救。1945年8月，毛泽东主席亲赴重庆，参加国共谈判，达成了释放除汉奸以外的一切政治犯的协议。同年冬，周恩来、邓颖超亲自登门拜访张治中，托他设法营救被盛世才关押的共产党员和爱国人士。张治中到新疆后，派代表到狱中对关押人员进行慰问，改善生活待遇，又多次致电蒋介石提出放人。经过多方共同努力，这批被关押了3年零9个月的新疆航空队学员终于在1946年6月获得释放，于7月回到延安，受到毛泽东、朱德等中央领导的热烈欢迎，朱德同志亲切地说："你们活着的坚贞不屈，牺牲的视死如归，都是好样的！"毛泽东主席来到大家的住地，连声说："同志们，辛苦了，你们的归来，就是胜利。"这些即使面对敌人严刑拷打都没有掉过眼泪的铮铮铁汉，此时却红了眼眶。

当这批人民空军的种子返回延安后，建设空军、保障飞行的征程才刚刚开始。1946年8月，八路军总部决定，将从新疆回到延安的新疆航空队学员组成"八路军总部航空队"，任命方子翼为航空队队长，严振刚为航空队政治指导员，继而辗转数月奔赴东北，于1947年2月抵达黑龙江密山的东北老航校。这些同志经过短期恢复技术后，补充到航校各级领导和教学岗位，有力加强了我党在航校的领导力量，为航校建设发展发挥了重要作用。

早期航空人才为党和人民的航空事业鞠躬尽瘁，死而后已，在坚持不懈的斗争和拼搏中，形成了"胸怀革命理想、献身航空事业、克服艰难险阻、学习航空技术、坚持革命气节、进行英勇斗争"的早期航空精神，为后来人民空军的建立和发展奠定了坚实的精神基石。

（二）人民军队第一架飞机——"列宁"号

1930年2月16日，一阵轰鸣声在鄂豫皖革命根据地西部的河南省罗山县宣化店陈家河（今湖北省大悟县）的天空响起，一架飞机掠过鸡公山顶，像醉汉一样摇摇晃晃地盘旋着，然后沿着竹竿河上游的河道由北向南飞行，"嘭"的一声扎在河滩上，滑出几十米后停下来。

飞机降落发出的声响惊动了周围的人们。这里是革命根据地和国民党统治区域交界处，丝毫马虎不得。在听到响动后，担任警戒的鄂豫皖革命根据地罗山县第一区第十乡赤卫队大队长陈国清立即派人向上级报告，同时带领赤卫队员冲向河滩，迅速把这个从天而降的"庞然大物"包围起来。这时，人们才看清，这个银灰色的"庞然大物"是一架飞机，机尾部画着国民党的青天白日标记——

这是一架国民党飞机。随即，飞机座舱打开，一个身穿棕色飞行服，年龄在30岁左右的飞行员举着双手走了出来，不停地喊道："我是飞行员，请各位乡亲父老不要伤害我。"

这架飞机是美制"柯塞"式轻型侦察轰炸机，飞行员叫龙文光，时任国民党军政部航空第四队中校队长，奉命驾机由武汉飞往河南开封，执行紧急空投通信任务。返航途中遇大雾迷航，因油料耗尽，所以只能迫降。根据1930年2月28日，《鄂豫皖特委致中央信》中所说："据驾驶员云：'飞机是在中美航空协定以后在美国买的，价值六万元。'"

缴获了飞机，俘虏了飞行员，这可是一件大事。陈国清迅速派人向上级报告，同时派赤卫队队员日夜守护飞机。

中央鄂豫皖边特委和特区工农民主政府收到缴获一架敌机并俘虏飞行员的报告后，指示罗山县委和驻扎在罗山的红军，要保证飞行员安全、保护好飞机，并设法把它运回到根据地中心地区隐蔽起来。

飞机是个香饽饽，陈家湾又地处敌我交界区，河东是红军控制区，河西则有国民党民团盘踞。红军缴获飞机的消息传出后，很快就吸引了当地反动民团的目光。根据《钱钧回忆录》所讲："红军缴获飞机的第三天，就被附近的反动民团盯上了。"河西姚畈一带姚老约的反动民团袭击保护飞机的赤卫队，妄图抢走这架飞机。当时反动民团疯狂向河滩发起进攻，赤卫队在菜籽洼与三路来袭的敌人苦战了一个上午。临近中午，红军独立团和教导队派出的援兵抵达菜籽洼，与赤卫队密切配合，终于将敌人击退。

可是敌人死性不改，只要飞机在，袭扰就不会停。按照中央鄂豫皖边特委和特区工农民主政府的指示，尽快将飞机转移到根据地中心区的卡房乡隐蔽起来。卡房乡位于河南信阳新县西南部，西侧与大悟接壤，南边又与湖北红安（当时称黄安）相邻，这里森林繁茂，山林密布，既方便开展游击战争，又能很好地隐蔽飞机的踪迹。选择把飞机转移到这里，确实是最优的选择。

运送飞机的计划是确定了，可是真正实施起来又是困难重重。第一个难题就是"怎么运?"。飞机是个大家伙，大别山区山路多崎岖，就是从河滩泥坑里把飞机拖出来都是个大工程，更何况在运送的路途中还有蠢蠢欲动的反动民团沿路追截、抢夺。在当时的运输条件下，安稳地把飞机运到卡房乡恐怕很难，直线距离只有50千米的宣化店莱籽洼到卡房乡的这段路途成了难以跨越的鸿沟。经研究，红军决定先将飞机拆散。2月19日，红军挑选了几位曾担任过炮兵，熟悉山炮分解的战士担任指导，预先将飞机的各部件标号，绘制拆解图纸，再分成8个大包。但即便是这样，飞机总重约1.5吨，机身大约8米，4片机翼的长度大概5米。要运送这样一个庞然大物，其中的艰辛可想而知。

为了保障飞机安全，沿途工农民主政府组织搬运队负责运送。搬运队逢山开路，遇水架桥，到了黑龙潭时，由于飞机过重，无法用船只运输，当地赤卫队和革命群众便捐出木板、桌椅和木材，硬是在黑龙潭上搭起一座浮桥，使飞机安然通过。庞大的机身前面有人用纤绳拉，后面有人推，机身两侧有人扶，喊着劳动号子，一步一步地向前挪动。罗山县和沿途其他各县调集兵力，在运输线沿路警戒。几十里路程，搬运队在沿途众人的支持鼓励下，用了半个月的时间，终于将飞机运到了卡房。

飞机运抵卡房后，被安置在名为林湾的小村中，这里只有4户人家，周围山高林密。红军将拆散的飞机安置在两间平房的山墙之间，上面盖上一座草棚，这样一来，即便是敌人出动找寻，也很难发现。

飞机运送到卡房，红军又遇到第二个难题，谁来装配飞机？

1931年4月，中央派遣曾去苏联学习过航空的钱钧来到鄂豫皖。飞行员龙文光曾是广东航空学校第二期的学员，后来也曾在苏联航校学习，懂得机务维护的知识。在被俘后，龙文光被送到红军指挥部，受到了鄂豫边革命委员会军事委员会负责人徐向前的亲自接见，在徐向前的劝导下，龙文光表示愿意加入红军。鄂豫皖边区根据中央指示，在苏维埃政府军事委员会下成立航空局，龙文光任局长，钱钧任政委。

此时红军懂得机务的只有钱钧、飞行员龙文光和几名懂机械的同志，另外，当地几位铜匠、铁匠也参与到飞机的组装工作中来。于是，一个由飞行员、机务人员、红军战士和工匠组成的组装团队成立了，他们共同努力、攻坚克难，于1931年4月，在箭厂河滩上重新组装了这架“柯塞式”飞机，并且给它涂上灰色油漆。为纪念“十月革命”的胜利，在修复的飞机机翼上绘制两颗红星，在机身侧面写下“列宁”二字。于是，中国工农红军第一架飞机——“列宁”号就这样在战火纷飞的鄂豫皖革命根据地诞生了。

在此之前，国民党军队在进攻鄂豫皖革命根据地时，仗着有飞机，对我根据地肆意轰炸，给红军和群众造成了不少损失。老百姓心里也憋着火，听说红军也有飞机了，根据地的群众无不欢欣鼓舞，从四面八方聚集到任家畈，敲锣打鼓庆贺了三天，甚至为了让老年人也能看到飞机，乡工农民主政府还搭了一个看台，请年纪大的人在台上观看。这是咱们自己的飞机，红军也有飞机了！

有了飞机还需要机场，可是大别山延绵不断，山沟里哪来的机场。于是将“列宁”号从任家畈运到新集机场，又在湖北黄安、麻城交界的紫云区等地修建了几处简易机场。这些简易机场成为中国共产党早期建设的航空设施。

有了飞机、简易机场，还需要有汽油让飞机飞起来。可是红军手中没有航空汽油。为了获得汽油，红军动员在双桥镇战斗中被活捉的国民党第三十四师师长岳维峻的家属向苏区运输汽油。岳维峻的女婿向苏区运送了3000多斤汽油，解决了“列宁”号的燃料问题。

终于，人民军队的第一架飞机做好了振翅高飞的一切准备。

1931年7月10日，“列宁”号在新集机场，由龙文光驾驶试飞成功。同年9月8日，“列宁”号飞至固始、潢川一带国民党统治区进行侦查投撒传单，并飞至武汉上空投撒传单，国民党当局惶恐不安，在《扫荡报》中惊呼：“共军飞机连日骚扰潢川、汉口，我方幸无伤亡。现有关方面已通知各地严加防范。”

1931年11月7日，中国工农红军第四方面军在鄂东七里坪宣布成立，旋即挥师南下攻打黄安县城。守敌69师赵冠英部一万多人，依托坚固的防御工事，固守待援。我军围困黄安一个多月、打退了敌人的几次增援，但县城仍是久攻不下。红四方面军军部决定用“列宁”号飞机进行轰炸，配合攻打黄安县城。没有炸弹就用迫击炮弹代替。

轰炸黄安县城的前一天，徐向前、陈昌浩等红四方面军领导同志与飞行员一起到黄安城南高地上观察了敌军阵地，确定了“列宁”号参加作战的方案。1931年12月22日拂晓，红四方面军司令部发出向黄安守敌发起攻击的命令，上午9时，从东北方向传来飞机马达声，蔚蓝色的天空出现一个移动的黑点，渐渐逼近黄安县城。这是“列宁”号，只见它的机翼下方挂着加装的炸弹挂架，挂架上是我军改造的“航空炸弹”。黄安守敌还以为是他们自己的飞机，毫无戒备，当“列宁”号俯冲敌人阵地，两枚追击炮弹同时投落下去，硝烟、瓦砾腾空而起，敌人才发现是红军的飞机。这次行动是中国工农红军的第一架飞机第一次对敌人阵地发动袭击。

“列宁”号首次对敌的袭击不但轰炸了黄安守敌的防御工事，更是炸掉了他们的军心——红军有飞机了！加上援军迟迟不到，熬不住的国民党69师师长赵冠英最后选择弃城南逃。红军乘胜追击，在长轩岭全歼逃敌，活捉了赵冠英。“列宁”号飞机创造了配合红四方面军首战大捷的光荣战绩。

黄安一战后，黄安、麻城、黄陂、孝感等县根据地连成一片。“列宁”号成为决定战局的关键。国民党空军先后调集几十架战斗机，欲在空中打掉“列宁”号，但一直未能得逞。直到1932年7月，蒋介石调动30余万兵力以鄂豫皖革命根据地为中心，疯狂发动了第4次围剿。“列宁”号在根据地群众精心爱护下，随红军转移了几个地方，但终因战斗频繁，环境日趋恶劣，不得不拆卸开来埋藏在大别山偏僻的山沟里。直到1951年9月，王树声同志率中央人民政府南方根据地访问团鄂豫皖分团来到大别山时，群众才将“列宁”号飞机的部件从山沟里挖出来，献给了国家。可是，后来由于种种原因，“列宁”号没能保存至今，只留下一张机身部分照片，我们现在在博物馆、纪念馆看到的，都是重新复制的“列宁”号。

红军的第一架飞机，在航空机务人员和飞行员的共同努力下，带着人民的期盼与共产党人的希望飞向蓝天。它凝聚着红军战士和根据地广大群众对我军掌握现代化武器的向往和希望，泛黄的老照片上那架写着“列宁”二字的老飞机，昭示着航空机务的历史翻开新的篇章，熠熠生辉的红五星在历史的长河里永远鼓舞着人民空军继续奋进，去夺取新的胜利。

（三）飞过天安门——保障开国大典空中受阅

1949年10月1日下午4点35分，17架战鹰编成6个分队排着整齐的队形，由东往西缓缓从天安门飞过。晴空万里，红旗猎猎，全场沸腾，欢声雷动。

这是中华人民共和国开国大典上，人民空军的第一次精彩亮相。

历史的卷轴从1949年3月打开，中共中央从河北省平山县西柏坡村迁入北平。同年5月，人民解放军百万雄师挥戈过江，向华东、华南、西北、西南挺进，但是盘踞在青岛、汉中、舟山群岛等地的国民党空军仍不时对已解放地区和主要城市进行骚扰和狂轰乱炸。1949 年 5 月 4 日，国民党空军突然派出 6 架轰炸机轰炸了北平南苑机场。炸毁通信机两架，炸伤 C-46 型、B-25 型飞机各一架，炸毁机库一座，房屋 20 余栋，死伤 16 人。敌人猛烈的炮火使解放不久的北平受到严重威胁。保卫北平，刻不容缓。为了确保北平安全，党中央指示军委航空局迅速组建一支空军作战分队，负责北平的防空任务。

航空局在接到任务后，开始调集人员和装备，为组建飞行中队作准备。人员主要从华北军区司令部航空处和东北老航校抽调。徐兆文担任中队长，王平阳担任政治委员。飞行中队下辖三个飞行分队和一个机务分队，由 10 名飞行员、40 余名地勤人员及 10 余架飞机组成，刘平凡任机械分队长。飞行中队在编制上隶属于华北军区司令部航空处，作战指挥和飞行训练由军委航空局负责，华北军区航空处具体指挥。

1949 年 8 月 15 日，飞行中队在北平南苑机场正式成立，这是人民解放军第一支有作战能力的飞行队，飞行中队机械分队的建立，也标志着中国人民解放军作战航空机务保障的开始。经过短时间的集中训练后，从 1949 年 9 月 5 日起，飞行中队正式担负起北平地区的防空作战任务。

飞行中队的飞机多数是从国民党空军处缴获并经过修复的旧飞机，另一小部分是起义过来的飞机，飞机数量不少，最多时达到 30 余架，但是飞机多数破败不堪，有的甚至飞一个起落就出故障。为了让飞机正常使用，保证北平安全，机械分队的同志们经常熬夜加班，手电筒、防风马灯总是不离手。

根据参阅飞行员闫磊的回忆："当时航空器材和维护设备都十分缺乏，虽然从国民党空军中接收了一部分航空器材，但多数未经清理。为了保证战斗飞行训练和空中运输任务，飞机的定期检修工作，也都由飞行队的机务人员担任。大家集思广益、勤勤恳恳，克服重重困难，终于较好地完成了飞行保障任务。"

为保证北平安全，飞行中队必须每天保持 2~4 架 P-51 型战斗机昼间值班。当时，我们没有防空雷达和可靠的监视哨，飞行队在北平地区执行防空任务所需的防空情报都是从千里之外用电话传送过来的，只要电话一响，报告青岛、济南等地有敌机活动，飞行队的飞机就立即起飞巡逻。而在这之前，飞机的保障工作则全部由机械分队利用夜间和飞行间隙完成，工作压力之大、强度之高可想而知。

到了1949年8月下旬的一天，解放军代总参谋长、华北军区司令员聂荣臻同志召集驻北平军事机关领导同志召开会议，传达了党中央关于开国大典群众集会和阅兵的指示。几天后，常乾坤同志向聂荣臻代总长汇报了空中受阅的具体方案，飞行队接到准备参加开国大典的空中受阅命令，聂荣臻同志指示：“空中受阅与地面受阅不同，难度大，影响也大，一定要搞好。你们要抓紧时间，周密计划，确保万无一失。”

时间紧任务重，为圆满完成受阅任务，航空局将正在东北老航校负责训练工作的邢海帆调到北平担任空中受阅总领队。空中受阅由常乾坤任总指挥，地面指挥由华北军区司令部航空处处长油江担任，组织计划工作由航空局作战教育处处长方槐负责，飞行航线的领航计算等工作由东北老航校原副校长刘善本负责。

此时，距离正式受阅不到1个月的时间。飞行队的同志们为完成任务付出了辛勤的劳动。例如，为了保证各类速度不同的飞机在通过天安门广场时队形整齐，飞机间的间隔合适，飞行队的同志们多次计算和演练；参阅飞机中的P-51型战斗机、B-25型轰炸机等飞机新增加了军械专业设备和无线电专业设备；为了完成受阅和作战保障任务，飞行中队机械分队调整保障模式，决定每架飞机由固定的机械专业人员负责维护，军械、特设、无线电专业人员则每人负责维护多架飞机。

就这样，经过周密研究、紧张训练和两次预演，飞行队作好了空中受阅的准备。1949年10月1日下午4时，受阅机群从南苑机场起飞，按照规定的航线、高度、速度出航，在北京东郊通县（今通州区）双桥上空编队集合，盘旋待命。4时35分，空中受阅分列式开始，受阅的17架飞机编成6个分队，排着整齐的队形，由东往西朝天安门飞去。最先通过天安门的9架P-51型战斗机速度快，按预定方案，绕了一圈，又衔接在第6分队后面，第二次通过天安门。因此，在天安门广场上看到的空中受阅机群是26架次。为了保证开国大典的顺利进行，中央军委要求飞行中队加强对空警戒。在受阅机群中有4架飞机携带枪、炮弹飞行接受检阅，这在世界空军检阅史上也是少有的。

在完成开国大典空中受阅任务的过程中，我机务人员面临的形势十分严峻，一方面时间紧、任务重、要求严，另一方面飞机老旧故障多、器材缺乏，保障艰难。为了保证所有受阅飞机经常处于良好状态，维修工作万无一失，机械分队人员认真细致、一丝不苟、精心维修、连续奋战，及时发现和排除了大量故障，圆满完成了受阅保障任务。

中华人民共和国成立后，为了执行日益繁重的空运任务，飞行中队又增编了第四运输机分队，装备三架运输机。1949年底，随着全国大陆的基本解放和人民空军的成立，北京遭受国民党空军打击的威胁大大减小。1950年初，飞行中队实行缩编。1950年7月26日，空军将缩编后的飞行中队命名为中国人民解放军独立团1歼击大队。1950年11月19日，中央军委撤销了该大队的番号，将其空、地勤人员分配到空军航校和部队工作。至此，我军第一个作战飞行中队完成了自己的历史使命。

（四）八一开航

1950年8月1日，在这个距离从战争废墟中崛起的年轻国家成立不足一年的时候，新中国民用航空第一条国内航线正式开航，史称“八一开航”。而这一飞，也被视作是新中国民航事业的“第一飞”，是新中国民航起步的重要标志。

中华人民共和国成立后，全国百业待举、百废待兴。中国人民航空事业也在艰难起步。开辟航线、开办航空公司迫在眉睫。但是此时民航的飞机、人员和航空器材等各方面都很欠缺，民航建设异常艰难。1949年10月底，周恩来总理传达了中共中央的决定，批准中国航空股份有限公司（中航）和中央航空运输股份有限公司（央航）的起义计划，中航总经理刘敬宜和央航总经理陈卓林带领两航员工起义。1949年11月2日，中共中央政治局会议决定，在中央人民政府人民革命军事委员会下设立民用航空局，管理民用航空事业。民航局成立仅一周，1949年11月9日，中国航空股份有限公司和中央航空运输股份有限公司全体员工4000余人，在两公司总经理刘敬宜、陈卓林率领下，毅然在香港发布起义通电，宣布脱离国民党，接受中华人民共和国中央人民政府领导。

1949年11月9日，12架在香港启德机场起飞的民航飞机，悄悄改变航向，一路向北，飞回祖国，这是一次震惊世界的起义，也为新中国民航起步坚实了基础。

两航在旧中国都与外国航空公司合资，因此，有很丰富的飞行和维修经验，尤其在维修能力上水平较高。在机务队伍中，既有合格的工程技术人员，又有熟练的技术工人，门类齐全。其中，中航的机务设施和工艺装备对飞机、发动机和附件等的修理有自成体系的独立修理能力，可以承担飞机、发动机及附件的大修和加改装任务。这在当时是远东第一流的水平。央航缺少发动机翻修厂，规模较小。“两航起义”意味着为新中国民航注入有力力量。

为保证安全，两航成立了起义工作核心小组，制定了两套排班表，一套是起义机组的真排班表，另一套则是掩人耳目的假表。假表充分考虑到国民党特务的监视和行动规律，因此，将 12 架起义飞机的目的地定位到国民党控制下的海口、重庆、桂林、昆明和台北等地，以迷惑敌人。

为保证起义顺利，两航机务人员做了重要的保障工作。在起义前，起义指挥依托组织少数机务人员参与飞机准备工作，选出合适的飞机，事先做好特种检查，准备好计划带回大陆的航空器材备件，给飞机加好汽油。担心国民党敌特分子破坏，机务人员以维护组为单位轮流守护飞机，修理车间成立纠察队昼夜轮班保护飞机和厂房设备。起义当日凌晨，一夜未眠的机务人员把准备好的飞机放飞后，激动的心情才慢慢平静。

“两航起义”后，留在香港的 83 架飞机被机务人员喷涂五星红旗标志，还准备好 7 架飞机准备第二批北飞，但是在港英当局的阻挠下未能起飞。为了保证这些飞机状态良好，留港的机务人员竭尽全力对所有飞机进行封藏防腐和防风系留。

在多方努力下，“两航起义”计划顺利完成，在党中央和中央军委领导下，军委民航局迅速组织“两航起义”人员和国内航空技术人才组建太原和上海飞机修理厂，修复大量民航飞机。

“两航起义”奠定了中国民航发展的基础。起义的两航员工陆续返回大陆，他们带来的人才、设备、技术，为开启和建设新中国民用航空事业及时提供了重要的物质基础与技术力量。此外，“两航起义”的成功还带动了在香港的 27 家机构起义，如招商局、中国银行等。

在经过开航前的充分准备之后，1950 年 7 月 18 日，军委民航局钟赤兵局长、唐凯副局长，向周恩来副主席、聂荣臻代总参谋长、刘亚楼司令员等请示开航事宜，提出拟于 1950 年 8 月 1 日三架飞机复航天津至重庆、广州的直达线与重庆至成都、昆明、贵阳、汉口的航线；1950 年 7 月 21 日，政务院批准同意民航局“自 8 月 1 日正式开航”的计划。

具体的配备是：两架飞机以天津为基地飞广州、重庆，一架飞机以重庆为基地飞成都、贵阳、汉口。与此同时，民航天津办事处已经抓紧筹备并正式成立了机务工作队，为“八一开航”作好准备。在天津的“两航起义”员工也积极响应民航局号召，无偿捐出自备维修工具，以解维修工具奇缺的燃眉之急。

1950 年 7 月 29 日下午，军委民航局在北京西郊机场举行“北京”号飞机命名典礼，军委民航局局长钟赤兵、中央军委代表李涛、华北军区空军航空处处长油江出席典礼并讲话，副局长唐凯为机身涂有毛泽东主席题写的“北京”两个大红字的飞机剪彩，民航局总飞行师潘国定代表机组人员讲话。命名仪式结束后，“北京”号飞机即由北京西郊机场调机天津张贵庄机场。

1950 年 7 月 31 日 17 时 30 分，在北京西郊机场，“北京”号执行新中国民航的第一个航班。CV-240 飞机在位于天安门广场正南方向 15 千米处、中国最早的民用机场北京南苑机场起飞。

1950 年 8 月 1 日，中国民用航空正式开航。

1950 年 8 月 1 日，天气晴朗，天津经由武汉飞往重庆的 XT-139 号首航班机，载着 14 名旅客于 8 时 30 分首先从天津张贵庄机场起飞。当首航班机经停北京西郊机场时，军委民航局举行了“八一开航”的庆祝活动。民航局局长钟赤兵、副局长唐凯参加庆祝会，中央军委派代表到会祝贺。钟赤兵致词祝贺“八一开航”，唐凯为首航班机剪彩，首航班机机长代表机组讲话。

“八一开航”给人们留下了难忘的历史一瞬，也成功载入中国民航的历史中。从此，中国民用航空旅客运输揭开了新的篇章，新中国民航的客、货运输量及飞机起降架次，就是从这一天开始统计的，并且一直延续到了今天。

第二章　胸怀理想，献身航空

机务工作是神圣而伟大的，无论是从民用航空看，还是从军用航空的角度看，它都与国家财产、人民生命、国家航空事业发展、空军作战训练息息相关。然而，航空机务工作却有着明显的困难：机务工作环境艰苦，机务人员常年遭受风吹日晒、严寒酷暑；机务工作时间长、要求高，与飞行员相比，机务人总是最先进场、最后退场，站场时间很长，工作主要是检查、维护和排故，日复一日年复一年，枯燥乏味，但是工作标准高，要确保飞行安全；航空机务行业社会认同度不高，很多人甚至都不知道机务工作是干什么的，甚至连衣着形象，机务人似乎也很难与高大威猛的飞机联系在一起。这样的一个行业，好像很难让人心生向往。

但是，当我们翻开中国航空机务百年历史，就会发现，无数机务人一直前赴后继地奔向机场，用双手托起了飞机，用手中的工具把中国人的飞天梦从模糊变成现实。那么是什么支持着中国航空机务人？他们从事航空机务事业的精神动力源自何处呢？历史告诉我们，正是机务人胸怀崇高的理想，将全部身心和精力贡献给了航空机务事业。

一、崇高的理想

法国作家雨果曾说过：“人有了物质才能生存，人有了理想才谈得上生活。”所谓“理想”，就是指同人生的奋斗目标相联系的有实现可能的想象，是人生的最高准则。它包含了这样三层意思：其一是人生的目的性，理想总要反映人们的一种目标愿望和追求；其二是现实的可能性，理想总有实现的可能，具有现实的行动意义，因而它同空想和幻想相区别；其三是合理的想象性，它是对未来前景或多或少形象化的描绘和构想，因而能够引导和激励人们为之奋斗。这三要素是相互联系的统一体，缺一不可。

人类社会生活是多样性的、多层次的，人生旅程也丰富多彩，因而理想有着广泛而丰富的内容，它包括社会理想、道德理想、职业理想和生活理想等。所谓“社会理想”，是指人们对未来社会制度和政治结构的追求、向往和设想，包括对未来社会面貌的预见，在阶级社会中，社会理想总是一定阶级的政治要求在奋斗目标上的集中体现。从这个意义上说，社会理想又叫政治理想。“道德理想”则是根据一定社会理想的要求，对未来社会的道德关系、道德标准和理想人格的向往和追求。它集中回答了“做一个什么样的人”的问题。“职业理想”是指人们对未来的职业及要达到什么成就的向往和追求，它集中地反映了一个人的事业心问题，所以职业理想又叫事业理想。“生活理想”则是指人们对文明、科学、健康的物质生活、精神生活、家庭生活的向往和追求，它集中地反映了人们对生活的态度。人生理想这四方面的内容，构成了一个互相联系、相互作用的统一体。其中社会理想处于主导方面，它是一个人全部理想的基础和归宿，人们其他方面的理想则受其社会理想的规定和制约。

理想是具有社会性、阶级性的，在不同的社会、代表不同的阶级，就会站在该阶级的立场上，产生相应的社会理想。古代封建社会，“洞房花烛夜，金榜题名时”是地主阶级或向往成为地主阶级的人们的理想；在资本主义社会，赚越来越多的钱、剥削越来越多的人成了他们的理想；在社会主义社会，实现共产主义事业就成了全国人民的理想。不同社会理想又约束和规定了人们的道德理想、职业理想和生活理想。所以站在人民的立场上，我们可以在人们四个方面的理想之前加上形容词，用来描述该种理想，如崇高与低劣、革命与颓废、先进与落后等，这些形容词往往确定了人们理想的社会属性。低劣的理想往往与利己主义紧密相连，趋利避害是它的标志。航空机务事业关系到飞机、飞行员的安全，关系到国家财产的安全、更关系到国家利益与安全，必须具备崇高的理想信念，坚守岗位，矢志不渝。

崇高的理想，是指站在先进的阶级立场上，追求社会进步、人类幸福的想象。崇高的理想具有两个特点。一是利他性，理想具有阶级性，站在先进的阶级立场，为全社会的进步和人们的幸福而产生的理想才是崇高的理想。例如，中国航空之父冯如，他在制造中国第一架载人飞机时，理想是实现“航空救国”；新疆航空队里那些红军指战员们，即使身陷囹圄也没有放弃学习航空技术，他们的理想就是要建设在中国共产党领导下的人民空军。相反的，利己主义的理想就不能称得上是崇高的理想了。新疆督办盛世才打着“斯大林忠诚的朋友”旗号，做的却是发展自己的航空力量的行径。二是顺应事物发展规律。理想之所以是理想而不是幻想，就是由于它源自于人们总结积累的科学规律，能够通过努力真正实现。

崇高的革命理想，是指以中国共产党人为代表的我国工人阶级和劳动人民，依据马克思主义科学对社会主义和共产主义社会理想的向往和执着追求。

在为中国人民谋幸福、为中华民族谋复兴的百年奋斗历程中，中国共产党创建并锻造了一支有着“革命理想高于天”的执着追求和献身精神的人民军队。习近平主席指出：“崇高的理想，坚定的信念，是中国共产党人的政治灵魂，是人民军队的精神支柱。”历史充分证明，崇高而坚定的理想信念，是党赋予人民军队的宝贵红色基因，是闪耀真理和信仰之光的火炬。人民军队在党的旗帜下从胜利走向胜利，彰显了理想信念的伟大力量。新时代革命军人作为红色传人，必须矢志不渝保持崇高理想信念，为崇高理想信念而奋斗。

2021 年 4 月 25 日，习近平主席在广西考察调研时指出：“为什么中国革命能成功？奥秘就是革命理想高于天。”这不仅阐明了我们党百年奋斗创造辉煌的深层根源，也揭示了人民军队攻坚克难、战无不胜、发展壮大的关键所在。回望历史，展望未来，更应深刻领悟“革命理想高于天”蕴含的成功奥秘、制胜之道。

真理性和价值性的统一。共产党人、革命军人的理想信念，就是“对马克思主义的信仰，对社会主义和共产主义的信念”。马克思主义是关于全世界无产阶级和全人类彻底解放的学说，深刻揭示了人类社会发展规律及最终走向共产主义的必然趋势，是我们认识世界、把握规律、追求真理、改造世界的强大思想武器。我们党始终把马克思主义作为自己的行动指南，在百年奋斗历程中，开辟了马克思主义基本原理同中国具体实际相结合、不断推进马克思主义中国化、时代化、大众化的崭新境界。历史告诉我们，坚定的理想信念，建立在对马克思主义的深刻理解之上，建立在对历史规律的深刻把握之上，建立在为中国人民谋幸福、为中华民族谋复兴的初心和使命之上，它体现了真理性和价值性的统一。革命理想高于天，蕴含着精神变物质、物质变精神的辩证法，反映了科学理论一经掌握，群众就会变成物质力量的实践逻辑。

科学性和革命性的统一。理想信念标定科学正确的奋斗目标和前进方向，铸就生命不息、奋斗不止的革命意志，是共产党人、革命军人安身立命的根本。在百年奋斗历程中，一大批革命先烈靠着坚定的理想信念，在生与死、血与火的考验面前，展现出视死如归、忠贞不屈、大义凛然的崇高精神风范。反之，却有一些人因信仰迷失、理想动摇而成为堕落者、变节者、背叛者。历史告诉我们，有了坚定的理想信念，才能坚持正确的政治方向，在胜利和顺境时不骄傲不急躁，在困难和逆境时不消沉不动摇，经受住各种风险和困难考验。而理想信念动摇是最危险的动摇，理想信念滑坡是最危险的滑坡。革命理想高于天，就能构筑起理想之火不灭、信念之火不灭的精神高地，人民军队就有了保持强大凝聚力、向心力、战斗力的精神支柱。

理论性和实践性的统一。理想信念是未来的现实，更是今天的行动。实现崇高远大理想，需要一代又一代人的接力奋斗。如果没有千千万万革命前辈为理想而拼搏、去奋斗，甚至献出生命，就没有今天的现实。历史告诉我们，理想因其远大而为理想，信念因其执着而为信念。坚定理想信念不仅是一个理论问题，更是一个实践问题，体现了理论性和实践性的统一。只有把对理想信念的崇高追求付诸实际行动，像革命先烈和英雄模范那样，平常时候看得出来、关键时刻站得出来、危急关头豁得出来，才无愧于共产党员、革命军人的光荣称谓。

二、航空机务事业的发展需要崇高的理想

（一）航空机务工作特性决定了必须具备崇高的理想

航空机务的历史始终伴随着航空事业的发展历程，有航空的那一天起就出现了航空机务，只是初代飞机的电子设备相对简单，飞行员往往也可以承担飞机的简单维修。但自其产生之日起，航空机务的工作性质就决定了它的从业人员不能只为薪金工作。冯如在筹划制造飞机时，筹措的第一笔资金来自三位并不富裕的

同伴，这三位同伴也成了冯如飞机制造团队的核心成员。他们举债制造飞机的初衷是为了让中国也能自主生产飞机，并推动中国航空事业的发展。孙中山先生奔走呼号建设航校、劝说冯如回国发展，即使在他生命的最后时刻，也没有忘记为中国航空发展留下宝贵的规划，他的理想是航空救国。我党最早“借巢育鹰”的航空技术先驱们，无一不将建设在中国共产党领导下的航空事业作为自己的理想。

航空机务工作事关重大，是航空事业发展的基础，是航空安全的重要支撑。机务工作属于台下幕后的工作，机务人员不能像飞行员那样驾驶飞机遨游蓝天。在战场上，机务人员挥动工具加班加点、没日没夜保障飞机安全，但是人们看见功勋飞机上的五角星时，总是先问是谁驾驶飞机创下功绩，付出与收获之间的落差很大。机务人员胸怀崇高的理想，将个人的利益得失抛在脑后，深知热爱机务工作、安心干好机务工作是航空机务人员最基本的职业要求，是对祖国、对航空事业的热爱体现在本职工作上的一种深厚、稳定而持久的心理。机务人员为机务事业无私奉献，为了党和人民的利益而不惜牺牲个人的一切乃至生命。

（二）崇高的理想是航空机务优良传统的血脉传承

“人民航空为人民。”中华人民共和国成立后，民航系统明确工作宗旨，将“全心全意为人民服务”践行在每一次航班上。20 世纪 50 年代，新中国通用航空诞生，民航克服压力，为祖国农业生产贡献自己独有的力量；开辟高原航线，民航机务人员第一次保障飞机承载少数民族代表往返高原与北京；在新冠疫情时期，全世界民航只有中国民航始终坚守在防疫第一线。从历史到今天、从过往到现在，无一不是中国民航机务优良传统的血脉传承支撑着民航机务人。

历史的车轮行进到今天，中国民航早已不是过去只能修旧利废、一穷二白的光景，随着中国特色社会主义进入新时代，在以习近平同志为核心的党中央坚强领导下，通过全体民航人共同努力，中国民航在高质量发展中取得历史性成绩。航空运输持续快速发展、安全达到国际领先水平、行业发展能力和经济社会效益显著提高、机场和空管系统取得长足发展、航空机务维修理念更新、维修手段创新发展引领世界，中国已进入航空运输强国之列。

人民军队为适应革命斗争的需要而诞生，在为实现革命理想的战斗中成长。历经百年风雨，空军航空机务人员始终传承我军优良作风，其表现如下。

忠于人民，坚贞不渝。他们对党和人民的革命事业无限忠诚，有“威武不屈”“大雪压青松，青松挺且直”的革命节操。例如，在抗日战争时期，我党选派了40多名红军指战员去新疆军阀盛世才的航空班学习航空技术，其中有18人学机械。在这种复杂险恶的环境中，他们为革命学习航空技术的决心始终不动摇。在敌人的毒打、威逼、利诱、分化面前，他们大义凛然，喊出了“百子一条心，集体回延安”“坚决要求宣布无罪释放，拒绝个人出狱，永不脱党叛变”的响亮口号，表现了革命战士高尚的革命节操。

默默无闻，竭诚奉献。机务人员为革命理想而奋斗的精神，大量地体现在平凡的、默默无闻的奉献之中，从东北老航校的艰苦创业，到在抗美援朝战争中的锻炼成长，直至国土防空的作战、训练之中，无不体现出这种精神。

临危不惧，不怕牺牲。空军航空机务工作直接从事战斗保障，难免遇险。但临危不乱、不怕牺牲是航空机务人员作为一名军人的基本要求。在抗美援朝战争中，有一次某部四中队飞行员们正在座舱中待命起飞，突然遇到敌机袭击，炮弹如雨点般地倾泻下来，飞机周围弹坑累累，副油箱也中弹起火。当敌机再次俯冲下来时，机械师沈予铭马上想到了飞行员的安全，他不顾个人安危，冲上前将身体伏在座舱盖上，以掩护战友安全出航。飞行员陈文川在座舱里见此情景，连忙喊：“让开，我不怕。”沈予铭却坚定地回答：“你比我重要。”后来，在空、地勤同志的协同配合下，我机迅速升空。一场反空袭战斗很快就胜利结束了，但沈予铭这种为了战斗的胜利把个人安危置之度外的牺牲精神，却为人们所传颂。他的英雄事迹至今仍陈列在军史室内。雷锋式的机务战士——机械员彭正彪在一次飞机地面起火的紧急关头，不顾个人安危，奋力抢救失火飞机。在灭火过程中，他的工作服忽然着火了，烈火吞噬着他的生命，他强忍着烈火烧身的剧痛，一次又一次地压下了机舱里的火势。最后飞机终于得救了，可彭正彪同志却因严重烧伤而倒了下去，在他从昏迷中苏醒过来的时候，还对前来救护他的战友急呼“不要管我，快救飞机……”说着又昏迷过去。后来他因伤势过重，经多方抢救无效而光荣牺牲，时年22岁。

三、航空机务人员胸怀崇高的理想

古希腊哲学家苏格拉底把为理想而奋斗称为“世界上最快乐的事”。共产主义是人类最美好最伟大的事业，为这一崇高理想而奋斗，应当是人生最大的幸福。作为人民空军航空机务工作者，其崇高的革命理想具有独特而深远的内涵。

（一）保持坚定正确的政治方向

崇高的革命理想的首要要求是保持坚定正确的政治方向。

习近平同志指出：“青年一代有理想、有担当，国家就有前途，民族就有希望，实现我们的发展目标就有源源不断的强大力量。”崇高的理想指引人们积极进取、奋发有为，我们必须树立崇高的人生理想。

崇高的理想是共产党人和革命军人的政治本色。1933 年 10 月，蒋介石发动了对红军的第五次“围剿”，红军在反“围剿”中遭到失败，不得不退出根据地，进行长征，转战云、贵、川边界地区，四渡赤水，而后南渡乌江，直逼贵阳，进军云南，抢渡金沙江，强渡大渡河，翻越夹金山，翻过大雪山，跨过大草地……终于在 1936 年 10 月胜利结束长征，中国革命从此迈进了新的发展阶段，其中的艰难险阻让人难以想象。正是崇高的革命理想，支撑着衣衫褴褛的红军战士们跨急流、登雪山、穿草地、突封锁，粉碎了上百万敌军的围追堵截，最终实现胜利会师。关于机务胸怀理想的案例较少：在“最终实现胜利会师”之后增加：模范机务干部徐建平是一个老机务，从 1962 年参加工作，他就把党的航空事业放在心上，研究新技术、挑战新问题。他常说：“机务工作于我而言，连着心、重千斤。这是党的事业。”徐建平是单位的技术能手和“定海神针”，工作 28 年，他只休过 6 次假，没有一个休假是完整的。一共回过 4 次老家，在家时间最长 6 天。他每天工作、学习 14 小时，一心想的永远是自己的飞机。病重后同志们来看望他，面容消瘦的他强打着精神询问是不是飞机出故障了。即使到了生命的最后一刻，他还惦记着飞机和任务，留给后人的最后的一句话是：“飞机以后就靠你了。”崇高的革命理想是他们几经挫折而不断奋起，历尽苦难而淬火成钢的力量源泉。

崇高的理想是漫漫人生的指路明灯。1952 年 7 月 4 日，世界上第一个横渡英吉利海峡的女性费罗伦丝，挑战太平洋沿岸一个约 34 千米宽的水域。15 小时以后，由于雾大水冷，她坚持不下去了，当她上了救生船之后，发现离目标只剩下 200 米。她说："真正令我半途而废的不是疲劳和寒冷，而是因为在浓雾中看不到目标。"可见，一个人有没有理想目标，结果是大不一样的。崇高的理想为奋斗事业的人们指明了前进的方向。

崇高的理想是拼搏奋斗的力量源泉。理想高于现实，又具有实现的可能性，因此，它能激发人们为之献身的热情和克服困难的勇气。就在 2022 年的东京奥运会上，中国选手苏炳添在男子百米半决赛中跑出 9 秒 83 的好成绩，以半决赛第一晋级决赛，同时创造了新的亚洲纪录。"我的目标一直都没有变过，我还是想成为亚洲包括我们黄种的中国人第一个进入百米决赛的运动员"，为了实现这个理想，苏炳添严格自律，甚至为了避免拉肚子不喝橙汁不吃西瓜。正因如此，经历过技术大改、遭遇过长时间腰伤影响、退役后复出，已经 32 岁"高龄"的苏炳添在非大顺风的条件下跑出了 9 秒 83 的成绩，而与他同龄的博尔特，早已巅峰不再，远离了田径赛场。

航空机务人员队伍中的鲜活旗帜夏北浩同志，在学历不高、专业不通的困境下，坚持学习飞机保障技术，总结了百余条维修经验，凝练了"夏北浩检查法"，在不眠不休的工作中，支持他的是一颗向着党的红心，他说："只要人听党的话，飞机就能听人的话。"

（二）热爱本职工作

崇高的革命理想的集中体现是热爱本职工作。革命理想的实现是亿万群众的共同事业，要求每个人在各自的岗位上尽力尽责，为"共同理想"的实现作出应有的贡献。一个革命者如果对本职并不热爱，对革命分给自己应尽的职责都不努力去完成，那就很难说他具有崇高的革命理想，或者说他的"理想"只是停留在口头上。因此，热爱本职工作，干一行、爱一行，是"有理想"的必然要求，也是对"有理想"的实际检验。

"热爱本职工作"是我们应有的职业态度。我们所从事的工作都是革命事业中不可缺少的组成部分。我们的职业岗位就是为人民服务的岗位，也是我们为革命理想而奋斗的岗位。不论岗位的业务内容、艰苦程度与待遇高低的情况如何，从总体上看，都是值得我们热爱并为之奋斗的。

航空机务工作是空军战斗力的构成要素，是民航事业发展的坚实基础，是国家航空事业的重要组成部分，具有技术密集、综合性强的特点，在我国的现代化建设和军队未来战争制胜因素中，都占据不可忽视的地位和作用，从事航空机务工作，也有着发挥个人聪明才智的广阔天地。因此，对这个职业我们应有热爱之情，献身之志。但要注意，我们所讲的对本职的热爱，决不是单从个人的兴趣爱好出发，而是从对待革命事业和为人民服务这个根本态度出发，“热爱”便是由此而迸发出来的对本职工作的一种深厚、稳定而持久的感情。

航空机务工作本身属于高技术职业，工作环境恶劣、工作压力巨大，只有拥有对本职工作的热爱，才能够抵御条件的艰苦、工作的枯燥和身体精神的疲累。同时，航空机务人员最经常最大量的工作是同物打交道，而在物的背后是人与人的关系。飞机不是单纯的自然物，而是现代科学技术的综合体，是人们体力和智力劳动的结晶。如果说个人的生命价值是由若干个劳动小时组成的话，那么价值数百万、甚至上千万的飞机所蕴含的劳动和生命的活力，无疑是巨大的。因此，机务工作者对飞机、对航空器材、对工作的爱，正是倾注了对人民、对事业的爱，这种感情是“稳定”和“持久”的，不会因个人一时的情绪波动而变更，也不会因时光的流逝而很快消失。例如，航空机务系统里的“老机务”们在机务战线上奋战了十几年、几十年甚至一辈子，但他们对工作的兴趣、干劲和热情却不减当年，他们对本职工作的爱是越来越深沉的。

（三）全心全意为人民服务

崇高的革命理想的根本点是全心全意为人民服务。全心全意为人民服务，是毛泽东主席第一次用最简洁、最通俗的语言对共产主义人生观的精神实质所作的概括。它既是一种严整的革命人生观，又是一种崇高的信念，也是一种伟大的实践。它熔铸于共产主义实践里，熔铸在共产主义理想的信仰之中。全心全意为人民服务，既是我们为革命理想而奋斗的出发点和落脚点，也是我们为革命理想而奋斗的取之不尽、用之不竭的动力。有的人并非没有对美好理想的向往，可就是没有为理想而奋斗的献身精神，说到底，就是为了什么而努力奋斗的问题没有解决。我们党有许多老革命家是在为人民谋幸福的斗争实践中才找到了共产主义，使自己为人民服务的思想境界升华到一个新的高度。因此，要牢固地树立崇高的革命理想，就要下决心解决个人与人民群众的关系问题，确立为人民服务的人生态度。

全心全意为人民服务不是空洞的词句，也不是简单的宗教虔诚，而是我党我军的宗旨和实践，它有着深厚的历史与现实的基础。历史实践已经证明：人民群众是历史的创造者。那么，我们所做的一切都应当是为人民服务的，一切从人民利益出发，一切向人民负责。人们常用鱼与水、土地与种子、父兄与子弟来比喻我党我军同人民群众的关系，这是最恰当不过的。从个人角度来看，个人的存在和发展都离不开社会，个人的价值也在于对社会的贡献。人民群众是社会的主体，为个人提供物质和文化的滋养，个人的知识、智慧、才能和成长都离不开人民群众的支持和培养。对个人和社会群体来说，个人从社会中获得的益处远超个人的奉献。在人类历史的长河中，个人不过是一滴水，而历史的主体——人民群众则是奔腾不息的江河。因此，必须以全心全意为人民服务为根本点，树立崇高的革命理想，为人民的利益和幸福而奋斗。如雷锋同志所说：“人的生命是有限的，可是为人民服务是无限的，我要把有限的生命，投入到无限的为人民服务之中去……”

（四）为航空机务事业贡献一切

崇高的理想信念是航空机务人员优良传统的核心要素，最极致地实现崇高的理想信念，就是为航空机务事业贡献一切。在我国航空机务发展的历史中，很多可歌可泣的英雄事迹向我们阐释了这个极端的实践。在冯如驾驶着“冯如”1号冲上天空时，抱着的就是百折不挠造出飞机的信念；在早期航空人才远赴他国学习航空时，个人的利益得失早已被他们置之脑后；当人民军队第一架飞机参与战斗时，机务人员和飞行员眼中只有胜利。这些实例证明了，为航空机务事业贡献一切是践行航空机务人员崇高理想信念的终极举措。

四、历史链接

（一）为中国龙插上翅膀

飞机的出现源于当时的时代环境。15 世纪末，随着资本主义的发生和发展，大批航海家冒险去世界遥远的角落寻找财富和知识。意大利的哥伦布（Christopher Columbus）率领他的船队在 1492 年 10 月 12 日凌晨登上了巴哈马群岛的瓜纳哈尼岛，从而发现了新大陆。葡萄牙的贵族伽马（Vascoda Gama）于 1497 年 7 月至 1499 年 9 月开辟了从欧洲绕好望角到达印度的海上航线。中国人也从未停下探索的脚步，我国的航海家要比西方人更早出发，明朝三保太监郑和首次远航的时间是 1405 年 7 月 11 日，早于哥伦布 87 年，早于伽马 92 年，早于麦哲伦 114 年。

渴望走得更远的人们，被恶劣的交通环境和落后的交通工具限制了前行的脚步。1769 年，英国发明家瓦特（James Watt）在改进蒸汽机之后，先进的交通工具应运而生。1807 年，美国人罗伯特·富尔顿（Robert Fulton）在纽约制造了实用的蒸汽机船。1814 年，英国人斯蒂芬森（George Stephenson）制造了改进的蒸汽矿山机车。新的动力打开了人们翱翔蓝天的思路，俄国海军军官莫扎伊斯基（Aleilander Mozhaysky）和法国电气工程师阿代尔（Clément Agnès Ader）分别于 1884 年和 1890 年试验蒸汽动力飞机，遗憾的是两人都没有成功。

到了 1883 年，德国工程师戴姆勒（Gottlieb Daimler）和迈巴赫（Wilhelm Maybach）合作，成功研制了电打火和高转速的汽油活塞式内燃机。1854 年，法国化学家德维尔（Sainte-Claire Deville）发明了工业炼铝法。美国化学家首次以煤焦油和页岩油为原料制造煤油。这些理论与发明为人类进入飞行时代提供了可能性。于是，1903 年 12 月 17 日，美国莱特兄弟（Wright Brothers）自制的载人动力飞机，在美国北卡罗来纳州基蒂·霍克沙丘试飞成功，世界载人动力飞行的序幕由此拉开。

而此时的中国正处在内忧外患、民不聊生的时代。1840 年前后，英国强盗试图用鸦片打开中国市场。之后，在清政府统治下的中国经历了鸦片战争、英法联军的进攻，1851—1864年，国内爆发了太平天国起义。对外赔款割地、对内镇压农民起义，与人祸并行的还有天灾，连年饥荒让这个曾自豪地宣称“世界中心”的古老国度陷入动荡、贫穷的境地。

1884年1月12日，冯如出生在广东省恩平县莲港堡杏圃村，乳名珠九。他家境贫寒，小时候没念过几年书，当放牛娃贴补家用。但他聪明灵巧，喜欢用竹材扎风筝或用火柴盒等做成车船模型。儿时村头的池塘边就是他学习和游乐的地方，长辈们总是在农闲时讲起古代人飞天神游的神话。征服蓝天的梦想在小小的冯如心中种下种子。

1895年，年仅11岁的冯如跟随在国外做小生意的舅舅吴英兰去美国谋生。初到美国，他在旧金山做童工，晚上补习英文。1899年，15岁的冯如回家完婚，后又去美国纽约，曾在造船、发电、机器等工厂做工。冯如在美国打工的岁月，正是帝国主义列强加紧对中国进行经济掠夺的时期。1901年，八国联军攻占北京。1901年9月7日，清政府与英国、德国、俄罗斯、日本、美国、奥地利、法国、意大利、西班牙、荷兰、比利时11国签订了《辛丑条约》，被迫赔偿列强白银4.5亿两。美国在国内推行排华政策，倚仗《中美华工条约》，对华工进行残酷的盘剥和虐待。在那样的历史条件下，冯如的遭遇可想而知。从一个工厂被解雇，又进入下一个工厂当学徒。这样不公平的待遇，让冯如的生活极度不安定，但是他也有了更多机会接触不同的机器设备和掌握多种操作技术。

为什么要刻苦钻研技术？冯如的目标很明确：“要想国家富强，必须有发达的工艺，而工艺的发达又依赖于先进的机器。”1906年，已是颇有名气的工程师冯如从纽约回到旧金山，华侨青年朱竹泉慕名而至，拜他为师，协助他开展机械制造与销售业务。这时，旅居旧金山的华侨富商集团也正有意聘请冯如参加开发祖国的电力工业和最新科学技术的宏伟计划。然而，冯如这位年轻人却有更为大胆和具有战略性的设想——要为祖国造飞机。他的理想崇高而伟大，正如他曾对自己的伙伴朱竹泉讲的：“日、俄战事大不利于祖国，当此竞争时代，飞机为军事上万不可缺之物。与其制一战舰，费数百万之金钱，何不将此款以造数百只之飞机，价廉工省。倘得千只飞机分守中国港口，内地可保无虞。”百年前，这个为国造飞机的年轻人已经预想过我们不光要有自己的飞机，还要用更多的飞机保卫祖国的安全。这是何等的真知灼见和崇高理想。

然而，“为中国龙插上翅膀”谈何容易！首先遇到的困难就是造飞机的资金问题。在冯如提出要造飞机时，当时大多数投资商犹豫起来，只有三位资金微薄的小工商业（劳动）者鼎力相助。三人竭尽积蓄，再加上将他们个人的生产工具材料折价，共凑得资金约 1000 美元，并用这笔资金在奥克兰租了一个面积只有约 7.4 平方米的车间。于是 1908 年 5 月，中国人研制的第一架飞机就在这样一个小车间里开工了。

除了资金和人员的准备，还有技术上的准备，这是整个飞机研制环节中的重中之重。冯如身上中国人坚韧不拔的精神再次支撑起这个年轻人。他查阅了所有能在美国找到的权威刊物，仔细研读有关航空的理论和最新的实验报告，搜集美国和欧洲的航空先驱者们的飞机设计方案和结构图样，对各种布局形式进行认真的剖析和对比。经过几个月的潜心研究，在融会贯通、博采众长的基础上，先绘制成功包括飞机的整体结构和各个零部件的设计图，再按设计图制成精确的模型，然后按模型制成飞机。美国《旧金山呼声报》的记者弗兰克·巴特利特（Frank H. Bartlett）在题为《我将完成我的飞机并在中国飞行表演》的报道中说：“冯如翻阅的科技论文数量庞大，堆积起来俨然成了一座图书馆。”

资金匮乏，器材简陋，材料、工艺要求严格，这一切造飞机遇到的困难都摆在了冯如的面前。偏偏在这个时候，国内的家人也来给他增加压力，家人催促漂泊在外多年的冯如回家团聚。意志坚定的冯如清楚地向家人表示：“飞机不成，决不归国！”

功夫不负有心人，1909 年 9 月初，一架可以载人的动力飞机造成了。1909 年 9 月 21 日下午，冯如亲自驾驶“冯如”1 号飞机，从丁吉宅地粗糙的地面上滑跑起飞。飞机上升至 3~5 米，绕着一个山丘飞行。随后，因螺旋桨轴突然断裂，飞机坠落地面，但未发生事故。

这次飞行的着陆虽然不够完美，但当时国外报道都认为：“飞机操作自如”“性能良好”和“结构牢固”。冯如的三名助手和几位在场的当地农民见证了中国人的首次动力飞行。这次飞行受到美国媒体的高度评价。1909 年 9 月 23 日的《旧金山考察家报》上说：“在航空领域，中国人把白人抛在后面。”

“冯如”1号试飞之后，冯如相信自己设计制造飞机是成功的，准备继续努力，制造更牢固、更大马力的飞机，用来在祖国广东上空飞行。

1909年10月，冯如联合旅美华侨黄梓材、刘一枝、朱竹泉等，将原来的广东制造机器厂扩大为广东制造机器公司。中国第一家飞机制造公司正式成立。

1911年2月22日，冯如和他的三名助手朱竹泉、司徒璧如、朱兆槐一起，带着公司的器材设备及两架飞机（一架在装配中）从美国旧金山乘船回国。1911年3月22日，他们在经历了一个月的海上旅程之后抵达香港。1911年，冯如和他的助手响应革命号召，被任命为广东革命军飞机长，准备参加北伐作战，执行空中侦察任务。同时，还利用带回的飞机零部件开始造飞机，仅用了三个月就造出了一架飞机。

1912年8月25日，冯如在广州燕塘大操场向祖国同胞作公开的飞行表演。这一天天气晴朗，闻讯前来参观的人很多。冯如头戴飞行帽和防风眼镜，脚蹬一双长筒皮靴，起飞前先向到场参观的各界人士介绍“飞机如何利用，如何制造，如何驾驶等内容，听者无不鼓掌称善”。接着，冯如登上飞机，坐在驾驶员座位上，系好安全带，由其助手将飞机在地面推行一段路程，以加快飞机在地面行进。

飞机轻盈地离开地面，上升到30多米的高度，向东南方向飞了约8000米的距离后，又转了回来。观众顿时兴奋不已，这是中国自己的飞机，飞得如此轻盈飘逸。

就在这时，意外发生了，飞机突然仰角增大，尾部向下，坠落到燕塘炮兵营房后面的竹林当中，冯如身负重伤。现场值班的红十字会员和军医立即赶来救护，并将冯如抬送至北校场陆军医院抢救。偏偏这一天是休息日，医生不上班。等医生回来时，因耽搁时间太长，错过了救治时机。弥留之际，冯如吃力地把失事原因简单地告诉他的助手，并勉励他们“勿因吾毙而阻其进取心，须知此为必确之阶段”。又嘱咐助手们将自己的遗体葬于黄花岗，希望能与七十二烈士英灵长相做伴。就这样，冯如牺牲了，但他创下了中国人自造飞机的历史先河，留下了一支相对成熟的飞机制造团队，更重要的是，他用生命和努力向世界宣告了中国人对航空事业必成的坚定信念。

（二）最早学习航空技术的共产党人

1. 在国民党航空学校、苏联学习的共产党人

1924年5月，在中国共产党和苏联顾问的推动与帮助下，孙中山先生在广州创立了黄埔军校。同年9月，在广州大沙头创办广东军事飞行学校，俗称广东航空学校，培养航空人才。广东航空学校的第一期学员共10人，其中7人毕业于黄埔军校。1925年8月，从广东航空学校的第一期学员中选派6人去苏联学习航空技术，共产党员刘云和1926年在莫斯科加入中国共产党的唐铎等4名共产党员就在其中。1925年7月，广东航空学校招收第二期学员42名，在当时任黄埔军校政治部主任周恩来同志的推荐下，常乾坤以优异成绩考入广东航空学校第二期学习飞行。1926年，广东航空学校从第一期留校生和第二期学员中选送12人赴苏联学习，其中包括常乾坤等5名共产党员。

1927年，蒋介石发动“四·一二”反革命政变，国共合作破裂。中国共产党为了继续培养航空技术人才，又于1927年9月、1935年9月两次从当时在苏联留学的共产党员、共青团员和进步青年中选调人员19人，转入苏联航空学校学习，其中包括共产党人王弼、刘风、王琏等。其中，需要特别注意的是王弼同志，他是我党学习航空机务的第一人。王弼1899年出生于江西省永修县，1925年5月加入中国共产党，同年8月受中共中央派遣，远赴莫斯科中山大学学习，1927年9月，又受命到苏联列宁格勒空军航空学校学习航空机务工程，1929年毕业后，加入苏联空军航空部队服役，先后担任机械师、工程师等职，少校军衔。1933年9月，考入苏联最高航空学府——茹科夫斯基航空学院工程系，攻读飞机、发动机的设计与制造工程。1937年卢沟桥事变爆发后，王弼、常乾坤等人找到共产国际中共代表任弼时同志，希望能回国参加抗日战争。任弼时同志答复他们：“抗日战争可能是长期的，中间也许会有曲折，你们要继续抓紧学习，安心等待。”于是，归国心切的勇者们按捺住急切的心情，继续安心在苏联学习。终于，1938年3月他们接到了回国的通知。

1940年11月，王弼、常乾坤等人终于历经千辛万苦回到延安，着手准备人民空军的建立。他们联名向党中央呈报了建设中国人民空军的计划，建议先建一所小型学校，集中培养航空技术人才。1941年1月，中央批准了他们的请求，决

定在陕北安塞成立工程学校。

王弼、常乾坤、唐铎、刘风、王琏等5人及其他早期学习航空技术的中国共产党人，是中国共产党最早掌握航空技术的先驱者，是中国人民解放军航空事业的开拓者、奠基人。他们不仅为中国人民的解放事业付出了心血和力量，而且为创建人民空军作出了重大贡献。

除了在国民党航空学校、苏联培养我们的航空人才外，我党还借助新疆盛世才的势力，培养早期航空人才。

2. 在新疆航空队学习的红军指战员

1933年4月，新疆督办盛世才打着抗日救国的旗号，得到苏联政府的援助，扩建了新疆边防督办公署航空队，其附设的航空训练班（对外称航空学校）公开招生。1937年，中国共产党驻新疆代表陈云向中共中央建议，从红军中选一批人到航空训练班学习，“借巢育鹰”。陈云的建议得到中共中央和毛泽东同志的支持，经过与盛世才多次交涉，达成了为中共中央培训航空人员的协议。1938年3月，我党挑选的43名红军指战员进入盛世才航空队学习飞机与机务。

1941年6月，德国发动突然袭击，大举进犯苏联，到1942年春已入苏联腹地，国际反法西斯战争处于最困难时期，盛世才乘势公然亲蒋反共，1942年9月，突然软禁了中国共产党在新疆工作、学习和路过的所有人员，在新疆航空队学习的这批学员也遭软禁，被切断与外界的一切联系，1944年又被投入监狱，遭受残酷折磨。他们虽身陷囹圄，但仍坚持组织起来学习政治、文化，复习航空理论，以待日后为创建人民空军贡献力量。

在新疆航空队学习的红军学员被盛世才关押了3年零9个月。直到1945年8月国共谈判，达成释放除汉奸以外的一切政治犯的协议，后经多方斡旋，他们终于在1946年6月获得释放，并于同年7月回到延安。

除了在新疆航空队培养航空人才外，1938年前后，中国共产党在国民党统治区的地下党组织，还曾安排一批具有一定文化程度的青年共产党员报考国民党空军的飞行学校和机械学校。除此之外，通过我党的地下工作，还争取到一批国民党空军飞行学校和工厂的进步青年投身革命队伍。上述两批人员，也成为日后创建人民空军航空机务事业和新中国航空工业的骨干力量。

3. 成立第十八集团军工程学校和航空组

1940 年 10 月，王弼、常乾坤向中共中央提出在延安成立航空学校的建议。毛泽东同志看过他们的建议后，指出："发展航空事业的意见是好的，要有决心和耐心。"党中央的信任和毛泽东同志的嘱托极大地鼓舞了王弼、常乾坤等人。1941 年 3 月，经中共中央批准，在陕西安塞成立了第十八集团军工程学校，培养航空工程人才，任命王弼为工程学校校长，丁秋生为政治委员，常乾坤为教务主任。学校 100 多名学员均为选调，王弼、常乾坤兼任航空理论教员，刘风、王琏任助教。

1941 年 6 月，苏德战争爆发后，学校难以再得到苏联援助。根据中共中央"精兵简政"精神，同年 10 月，中央军委决定撤销工程学校，将其并入抗日军政大学第三分校，缩编为工程队，同时，在抗大三分校训练部下设工程科，负责工程队的教学活动。同年 12 月，抗大三分校改编为延安军事学院，工程队与工程科合并，改称军事学院工程队。1943 年 2 月，延安军事学院与抗大总校合并，工程队随之撤销。

1944 年 9 月，中共中央军委成立航空研究小组，正式名称是中央军委作战部空军组，又称航空组，负责航空方面的调查研究工作和处理有关事宜，任命王弼、常乾坤为军委航空组组长，刘风、王琏后来也参加了航空组工作。1944 年下半年，航空组组织整修了延安机场。1945 年 3 月，航空组又协助组建了延安机场勤务股，负责接待、看管和维护来往延安的飞机。1945 年 8 月，毛泽东、周恩来等赴重庆与国民党进行和平谈判所乘坐的飞机就是由勤务股负责保障。1945 年 9 月，接受中共中央决定在东北创办航空学校的命令，航空组组织党员、干部赴东北接收和搜集日本及伪满政府遗留下来的航空器材。随后，航空组撤销，原航空组全体人员赴东北执行筹建航校的任务。

1945 年 8 月，第十八集团军晋察冀部队解放张家口，当地有一批日本及伪满政府留下的航空器材和航空油料。第十八集团军总部派王弼率刘风等航空组人员驾机运输航空燃料，但飞机在着陆滑行时不慎损坏，不能修复。经请示总部，决定王弼留在张家口组建航空站，也就是晋察冀军区航空站。同年 9 月，张家口航空站成立。航空站的主要任务是：管理机场，保障过往飞机的起降；进行人员培训；维护和保管航空器材和油料。1945 年 10 月中旬，常乾坤率领从延安来的航空组干部到达张家口，王弼随他们一起赶赴东北筹建航校，留下油江同志接任航空站站长。1946 年 8 月，航空站人员陆续离开张家口，向东北进发。同年 10 月 11 日，国民党军队占领张家口，张家口航空站的工作遂告结束。

前述这三部分同志是我党培养的航空人才。除此之外，我党的早期航空人才中还有部分同志是汪精卫伪政权和国民党空军的起义人员。

4. 汪精卫伪政权和国民党空军的起义人员

1945 年 8 月 15 日，抗日战争胜利，日本宣布无条件投降。同年 8 月 20 日，汪精卫伪政权空军少校飞行教官周致和、少尉飞行员赵乃强、黄哲夫驾驶一架“九九”式双发运输机，从扬州机场起义飞抵延安。在延安，他们受到中共中央领导人的热情接见。这次起义行动开创了从中国共产党的敌对营垒中驾机起义投奔革命的先例，在汪伪空军和国民党空军中引起很大震动。

1946 年，蒋介石发动全面内战，国民党空军中的一些有识之士，为追求真理，走向光明，在中国共产党的正义行动和革命政策感召下，毅然摆脱国民党反动当局的严密控制，驾机起义。1946 年 6 月 26 日，在国民党对各解放区开始发动全面进攻的这一天，国民党空军第八大队上尉飞行参谋刘善本驾驶 B-24 轰炸机，从成都起义飞抵延安，被周恩来赞誉为“国民党空军起义的带头人”。1946 年 4 月—1949 年 9 月，国民党空军先后有 55 人驾机或随机起义，有 20 架飞机飞到解放区。国民党空军的许多地勤和其他专业人员也加入了起义行列。这些起义人员中就有原来从事航空机务工作的田杰、陈明秋、陈静山、唐世耀等人，他们在起义后立即参加了在东北筹建航校的工作，是初期航空机务人才队伍的一部分。

上述四类人员，是我党初建航空机务事业的基础，他们在那个战火纷乱、异常艰苦的年代，为着党和人民的解放事业，坚定信念、步履铿锵，为后来我们建设强大的人民空军、发展我国民航事业点燃了火种，奠定了坚实的基础。

（三）空军初建时期的航空机务保障

1949 年 11 月 11 日，中国人民解放军空军成立。年轻的人民空军在建立之初便面临内忧外患、困难重重的局面，快速提升空军飞行部队的战斗力，是空军初建的重要目标。因此，这一时期空军部队的飞行训练异常紧张，相应地，机务工作面临的保障任务也十分繁重。

而此时，机务领导机关和部队维修机构也刚建立起来，制度尚不完善，组织领导水平和维修技术水平也还不高。在困难面前，机务人员积极进取、奋发努力，较好地完成了训练飞行和任务飞行的航空机务保障任务。

在中华人民共和国成立之初，空军为加速培养航空人才，陆续开办了 7 所航空学校。为满足迅速成立空军部队的急迫需要，各航校采用超高强度速成的方法训练飞行人员，训练强度极大，几乎天天组织飞行日，每个飞行日也常常是从日出到日落。为保障飞行训练的正常进行，航校机务保障工作压力极大，常常利用训练间隙和晚间休息时间加班加点工作，做飞机的检查、维护。

同时，空军部队相继成立，绝大部分空军部队都是在成立的同时就开始训练，训练强度超高。而当时鉴于机务保障人才稀缺，保障力量薄弱的现实情况，机务保障采取维护、保障、定检一体化作业的体制，以及飞行、机务人员和飞机一一对应，飞行人员和机务人员都固定在一架飞机上的保障模式，一线机务人员既要保障飞行，还要排除故障，完成各种维修工作，其中劳累可想而知。

当时，我们空军的装备主要是苏式喷气式飞机和螺旋桨飞机，可靠性差，且维修工作费力繁杂。例如，米格-15 飞机的维修工作，仅定期工作就有 5 小时、15 小时、25 小时、50 小时及 15 个起落，有时还需要大拆大卸。而所有这些维护保养、飞行保障、定期检修等工作，都必须由飞机机组完成。为了保障新成立部队的飞行员迅速完成战斗课目训练，形成战斗力，随时准备参加抗美援朝作战，我们机务人员常常是白天保障飞行，晚上排除故障，进行各种维修工作，通宵达旦工作是家常便饭。

在空军初建时期，航校、大部分空军部队的驻地都在北方，很多单位驻在东北寒区，冬季天气严寒，滴水成冰。在寒风呼啸的机场上，每个夜晚都闪烁着机务人员加班作业的灯光。

冬季给飞机发动机加温是当时机务工作中最为艰苦的一项工作，机械员要比别人起得更早，在严寒中起动加温炉。零下十几摄氏度的天气里，为了早起起动加温炉，不少同志的手脚被冻伤，可是艰苦的环境阻挡不了机务人保障战机的决心，他们用冻得红肿的双手稳稳地托起了战鹰。1950 年成立的空军部队经过紧张的改装和突击的战斗训练，都在短时间内初步形成了战斗力。到 1950 年底，中国人民空军就已经可以派部队参加抗美援朝，进行空中作战。空军成立初期战斗力迅速成长是世界空军史上的奇迹，而这奇迹的背后，蕴含着机务人员无尽的艰辛和努力。

1951年初，刚组建的空军部队开始夜间飞行课目的训练，为了更好地保障飞行训练，1951年6月，空军机关发出通报，在全空军介绍、推广夜航机务准备工作经验，对陆续进入夜航训练的部队进行适时指导。1952年6月，空军机关根据进入夜航训练部队增多的情况，又下发指示，规范了夜航机务保障工作的组织领导方法、夜航飞机的必备条件、飞行准备的内容、车辆行驶规则、各种灯光信号使用要求等。这次会议下发的指示不仅指导了当时组建不久的参加夜间训练和作战飞行的部队，建立了夜间机务保障的工作制度和工作秩序，完成了夜间保障飞行的任务，而且对于以后空军进行夜航机务保障奠定了基础。

“宝剑锋从磨砺出，梅花香自苦寒来。”从1949年到1953年的4年时间里，这种超高强度的飞行训练机务保障工作创造了斐然的成绩。广大机务人员在短时间内掌握了数十种型号飞机的使用维修技术，较好地完成了迅速组建大批空军部队的艰巨机务保障任务，保障了空军成立初期，空军的防空作战、支援陆军部队进军西藏、参加或支援各地剿匪、灭蝗及专机飞行等特殊任务的飞行。特别是抗美援朝作战任务的完成，共保障飞行70多万小时，300多万个起落。

当然，我们也必须承认，在空军成立的最初4年，全国各行各业百废待兴，空军建设也是在极其困难的条件下开展的。部队规模快速扩大，飞行训练任务极重，飞行训练机务保障条件差、困难多、任务重、时间紧，要求机务人员快速学习和掌握飞机保障维护技术，其标准和要求并不是很高，机务人员技术水平相对较低。为此，我们付出了很大的代价，到1953年才逐渐有些好转。

回望历史，人民空军在成立初期，在内忧外患不断的大环境下，空军航空机务人刻苦耐劳、兢兢业业，完成了艰巨的飞行训练保障任务，既保证了空军战斗力的快速形成，又为空军航空机务的迅速发展奠定了坚韧的思想基础和坚实的技术基础。

（四）天堑开路

1950年1月，全国大部分地区已经解放，但地处青藏高原的西藏还未解放，中共中央下令由西南军区的一部分陆军执行进军西藏的任务。一支陆军骑兵支队由青海进军西藏，一支骑兵师从新疆进军西藏阿里地区。

进军西藏的部队面临很多困难，最紧急的莫过于物资保障难。1950 年左右的康藏地区社会情况复杂，经济异常落后，进军部队的一切军需保障物资主要依靠进藏部队自己携带。可是，由于西藏地区历史渊源与自然条件，发展滞后，进藏路途道路崎岖，有的地方甚至连路都没有修通，进藏部队就只能遇水架桥，遇山开路，这样一来，部队的行军速度势必受到影响，物资匮乏就是必然的结果。例如，在 1950 年解放康定后，雅安以西是没有公路的，粮食运不到康定，部队官兵连吃饱饭都成了问题，更不用说继续开路、剿匪。无奈之下，1950 年 3 月 29 日，西南军区致电中央军委，请求空运粮食进行空投补给。战事不等人，中央马上作出回应，1950 年 3 月 30 日，毛泽东主席指示空军迅速派出飞机给进军西藏的部队空投粮食。从此，空军开始了艰难的空运、空投任务，航空机务人员在幕后做了大量艰巨、精细的工作，为空投粮食提供了技术保障。

1. 试航飞行的航空机务保障

接受空投命令后，华北军区航空处空运队和西南军区航空处的 9 架运输机组成了空运队，以四川新津机场为基地，执行空投任务。从华北军区航空处空运队和西南军区航空处所属单位调来的机务人员组成机务队执行机务保障任务。

西藏平均海拔 4000 米左右，高寒缺氧。飞往西藏，这在我国空军的历史上是前所未有的，要完成空投任务，首先要试航。

1950 年 4 月 3 日，由 C-46 型飞机试航康定，但因飞机老旧，升限低，青藏高原地理气象条件又过于恶劣，连续三次试航都没能成功。到了第 4 次，飞机都已经到达康定上空，地面部队已经听到飞机的声音了，但由于云层厚，目标被遮住，飞机未能实现空投。同年 4 月 15 日，谢派芬、李嘉谊机组驾驶飞机终于克服重重困难，试航康定成功，给几乎断炊的地面部队空投了粮食和其他军需物资，这是人民空军第一次从空中向地面部队进行的具有历史意义的补给支援。地面部队得到补给之后，继续西进，到达甘孜。空运部队继续为西进的部队空投物资。可是到了 1950 年 5 月 3 日，空运部队又遇到了困难，高度在 6500 米以上的雪山连绵不绝地堵在面前，怎么才能越过二郎山，找到地面部队的信号？几次试航都以失败告终。可是西进的地面部队粮食马上见底，军需物资再跟不上，就会造成严重的非战争伤亡。1950 年 5 月 7 日，空运队从雪山的一处山洼缺口飞进甬道般的深谷里，穿越折多山，再飞出“甬道”，终于找到地面部队的信号，空投下了慰问信、粮食和军需物资。之后，空军又通过这条航线飞越大雪山，源源不断地向甘孜空投补给，保障了昌都战役的胜利。

在进军西藏的任务中，空军空运队根据地面部队的需要，先后开辟了康定、甘孜航线、新津至邓科、江达和巴塘之间的航线。1950 年，空运队支援进藏部队，共出动运输机飞行 665 架次，空投、空运各种物资 180 万公斤①，其中粮食 95 万公斤，有力地支援了进藏部队。参加任务的空军机务部队以精湛的技术和百折不挠的工作精神，圆满完成了老旧飞机进藏空投飞行的机务保障任务。

2. 高空运输机空运、空投任务中的航空机务保障

1950 年 10 月，空军从苏联订购 30 余架新型运输机，连同原有的 9 架 C-46 型飞机，以川西航空站为基础，在四川新津成立高空运输团。1951 年 5 月，中央人民政府与西藏地方政府签订了《关于和平解放西藏办法的协议》，陆军部队分别从昌都、甘孜等地向拉萨进军。同时，新组建的空军单位胜利完成了新津至昌都的试航，开辟了新津至昌都这条极为重要的航线，使进军西藏部队的空中供应线延长了 280 千米，对保障顺利进军起了重要作用。1951 年 11 月，西藏甘孜机场成功修建，空军机关、西南军区空军为机场配备设备，修建飞机维护设施，1951 年 11 月 11 日，伊尔-12 型飞机成功降落在甘孜机场。之后空投昌都的任务飞机都以甘孜机场为基地起飞，大大提高了空投的效率。

1952 年 6 月，空军李向民、胡明涛机组试航空投太昭，为了增大执行这次任务的 C-46 型飞机航程，工程机务部门组织机务人员在 C-46 型飞机的货舱里加装了一个 4 号油箱，使载油量增加了 700 多公斤。飞机在起飞后，爬高至 7000 米，进入念青唐古拉山脉的心脏地带，当飞行至 7500 米的高空时，飞机发动机出现异常，空中机械师严密注视着发动机在高空的工作状态和飞机机体的状态，所幸发动机经受住了高原的考验。飞机绕过几座山峰，从云洞穿下，终于与太昭的地面部队取得联络，投下物资后返航。这次飞行往返时间 9 小时 38 分。老旧的飞机在机务人员的精心维护下，以良好的机械状态，经受了高原飞行的考验，

① 1 公斤 =1 千克。

完成了超长时间的飞行任务。

支援保障进藏部队，对于空军机务部队而言，面临的是很多前所未有的挑战和“第一次”，如第一次保障高原飞行任务，第一次保障高空运输机空运、空投任务。高寒缺氧、地理环境复杂、装备老旧、履历不清、器材奇缺、经验缺乏等问题都如雪山天堑般横亘在机务人员面前，尤其是在保障老旧的美式 C-46 型飞机执行空投任务中，情况更为严重，机务人员为了完成任务想了很多办法。在试航康定时，为排除发动机高空故障，经过多次试验、分析、研究，发现是点火系统磁电机到电嘴的高压导线绝缘不良所致，当即组织检查，排除了故障。在试航甘孜时，飞机货舱的空投人员因为高空缺氧而无法进行空投操作，机务人员就在货舱内加装了氧气设备，给空投人员戴上氧气面罩，帮助他顺利执行空投任务。就是这样不断地克服困难，攻克技术难点，保证了试航与空投任务的顺利完成。1950—1952 年，参与支援地面部队进军西藏的试航空投任务中涌现出了 24 个先进集体，312 人立功受奖。

不能遗忘的是，胜利的背后还有壮烈的牺牲和付出。在一次空投中，空投员程广嘉同志连续作业，终因过于疲劳，被甩出飞机，壮烈牺牲。1952 年 6 月 7 日，空军中队长魏雄英机组驾驶 C-46 型运输机到昌都空投之后，返航途中，遇上恶劣天气，飞机失控，撞到康定贝母山主峰上，机组中包括空中机械师、空投员在内的 9 人全部遇难。这是执行支援陆军进藏空投任务中发生的一次严重空难事故。

机务人用对党和人民最坚定的忠诚、用最朴素的机务情怀、用最坚韧的机务作风、用最精湛的技术保证了任务的圆满完成。

1952 年 11 月，支援进藏部队空投结束，此时康藏公路已通车至昌都。1952 年 11 月中旬，地面部队通知可停止向昌都空投。从 1950 年 4 月开始，到支援进藏部队的空投任务结束，空军开辟高原空中航线 25 条，共出动飞机上千架次，向康定、甘孜、巴塘、丹巴、卡贡、昌都、边坝、太昭等地进藏陆军部队空投物资 200 多万公斤。为保证空投，还出动飞机千余架次，从内地向新津、广汉、甘孜机场空运各种物资和人员，有力地支援了陆军部队向西藏进军。空军机务人员保障老旧运输机飞越天险，突破“空中禁区”，开辟康藏航线，这是人民空军航空机务史上的奇迹。这次支援陆军地面部队进藏空投飞行的机务保障，积累了一些高原维修飞机的经验，为以后在高原修建机场，通往拉萨，发展西藏的航空事业，提供了宝贵的经验。

（五）抗美援朝战争中的航空机务保障

1950 年 6 月，朝鲜战争爆发，联合国军总司令麦克阿瑟下令调动所有兵力，利用空中威力打击朝鲜军！1950 年 8 月，麦克阿瑟命令空中部队大举北进，战火烧到鸭绿江边，继而，从空中、地面，向鸭绿江隔岸的新中国示威、撒野。同年，自 8 月 27 日—11 月 19 日，两个多月的时间，美国远东空军就出动 151 次，上千架飞机侵入中国领空，疯狂进行侦察、扫射、轰炸。

战火烧向了我们的国门。

1950 年 10 月初，中共中央根据朝鲜政府的请求和中国人民的正义要求，毅然做出“抗美援朝，保家卫国”的决策，1950 年 10 月 19 日，中国人民志愿军入朝作战。按照“积蓄力量，选择时机，集中使用”的方针，年轻的人民空军组成中国人民志愿军空军，以轮战形式参加抗美援朝作战。航空机务保障作为志愿军空军战斗力的重要组成部分，经历了参战准备和作战的全过程，为赢得抗美援朝作战的胜利作出了重要贡献。他们在地面默默无闻工作，用双手托起战鹰振翅蓝天，用鲜血和汗水保障了每一个飞行起落，为战争胜利建立了不可磨灭的功勋，也为空军航空机务系统的全面建设奠定了坚实的基础。

1. 苦练本领，做好技术准备

人民志愿军空军以轮战的形式参战，根据上级命令，在空军 7 所航校学习航空机务的学员们提前毕业，和陆军转调到空军部队人员、地方青年学生、工人等一起奔赴参战的空军各师，组成了航空机务工作队伍。为迅速形成保障力和战斗力，毕业学员首先到部队跟着苏联专家进行为期 6 个月的见习和改装米格-15 飞机，前三个月苏联机务人员在飞机上操作让学员看，后三个月学员操作他们看。当时所谓的专家，其实就是苏联普通的航空机务保障人员。

怀着一颗火热的心，参加见习的学员以高涨的热情和刻苦的态度抓紧掌握保障本领，大家只有一个念头，学好本领上战场保家卫国。但由于时间短、语言障碍大，翻译人员大多又不懂专业，基本是用手比划和翻译相结合，多数同志又是第一次接触米格-15 飞机，所以，通过 6 个月的见习，直接参加战斗飞行保障，完成技术密集型的飞机维修保养工作，其困难可想而知。但正是这样一个年轻但不畏艰难的群体，边学边建、边建边战，在战斗中学习，在战斗中成长，创下了不朽的功绩。

2. 建立“分班轮换”制度和“长僚机互助组”

战争打响后，为了确保“故障不过夜、故障不上天”，机务人员每天在外场工作时间长达18小时，但是这样不间断的高强度工作使机务人员体力消耗过大，出现了非战斗减员，影响部队的战斗力。因此，1951年11月，空军机关总结推广了当时作战部队所采取的“分班轮换”制和“长僚机互助组”的工作方法。

“分班轮换”制，是根据部队机务人员的数量和质量情况，按照机械、军械、特设的不同业务系统，依据技术熟练程度和业务能力，分成两个班次，每班配备相应的各级机务干部。每日清晨去机场进行战斗准备时，只去一个班，另一个班则继续在营房休息，按正常的作息时间去机场工作，次日早晨则由第二班去机场进行战斗准备，第一班休息，如此轮番循环。为了克服力量单薄的困难，迅速完成飞行前的准备和密切长僚机的协同关系，在开展“互助运动”的基础上，建立了“长僚机互助组”的群众性组织形式。“长僚机互助组”就是将两个机组的机械人员集中起来重新分为两组，长机的机械师和僚机的机械员、机械兵组成一个组，僚机的机械师和长机的机械员、机械兵组成另一个组，每天早晨在飞行前准备时只去一个组，完成两架飞机的准备工作，另一组休息，第二天两组轮换。

飞机战斗出动着陆后进行再次准备时，则长僚机组进行互助：三个人安装副油箱，一个人加油，两个人负责检查飞机；如发现故障，则由长机的机械师负责组织安装副油箱的三个人集中力量排除。同时，还根据机械、军械和特设三个部门的工作量，在各自维护好自己飞机的原则下开展机械、军械人员的“双机互助”，特设人员由大队统一掌握，以中队为单位进行工作。并且规定了“加油服从充氧、充氧服从退弹和穿插进行机械检查”的原则，使各项工作有条不紊，提高了工作效率。每日飞行后的检查，根据两架飞机工作量的大小进行互助，如有一架飞机做定期工作或需要排除较大的故障，则另一架飞机的机组派人去帮助，并照顾次日清晨去机场进行战斗准备的一个组先回营休息。推广这一工作方法后，充分发挥集体力量，不仅缩短了飞行准备的时间，增强了团结，克服了机务部队人力单薄、技术不熟练的困难，而且解决了机务人员的劳逸矛盾。

3. 在战火硝烟中锤炼作风

“胜利表现在空中，胜利保障在地面。”这是抗美援朝战争中机务人员的誓言，也是革命先辈们过硬维护作风的形象概括和生动反映。

1952 年冬季一个大风雪后的夜晚，大孤山机场温度接近零下 30℃，05 号飞机在第四次战斗回来后出现了故障。由于当时所有参战部队正处于打大仗的阶段，所以飞机故障必须在第二天清晨之前排除，否则就会影响飞机战斗出勤。在寒冷的夜里，机组特设专业的同志找出了故障原因，决定把电路上的膜盒部分拆卸下来。膜盒位于机身底部，站着拆卸太高、跪着又够不着，只能半蹲，而且当时又没有任何照明设备，仅靠手电筒微弱的光线。时间一点点过去了，膜盒还是没有拆下来，此时，钻进气道是唯一的办法。进气道空间狭小，必须脱掉棉衣棉裤，在滴水成冰、哈气成霜的寒夜，身着一层单衣的特设员刚进进气道就感觉寒气逼人，只能用双手支撑像虫子一样地慢慢蠕动，突然一股钻心的疼痛从手掌迅速传来，用手电筒一照才发现，由于天气过于寒冷，双手被进气道内壁粘掉了一层皮，他强忍着疼痛继续工作。经过近 1 个小时的努力，终于拆卸了膜盒并排除了故障，可就在要装膜盒时，他浑身麻木，手指怎么也不听使唤，疲劳寒冷阵阵袭来，他的眼睛不知不觉地合上了。“不行，故障没有排除，飞机上不了天，那是何等的耻辱。”他强打起精神操纵着不听使唤的手指继续工作，半个多小时后，膜盒安装到位，在进行完复查后，他用仅有的一点力气喊了一句“好了”，便昏倒在进气道，被战友一点一点拉了出来……

伴随着恶劣自然条件的，还有艰苦的生活条件。在抗美援朝初期，机务人员没有专门的地勤灶，吃的粮食是高粱米，好多来自上海的青年吃了后肚皮发胀，消化不良，同志们都以完成任务的劲头吃，而且还开心地编了个顺口溜：“珍珠米，好东西，吃在肚里长力气，长好力气修飞机，修好飞机打美帝。”他们把对党和国家的赤胆忠心都表现在始终能让飞机升空作战上，笑谈艰苦，用背包带捆住被子自制睡袋保暖，夜以继日加班修复飞机，即使昏倒在岗位上，在醒来后依然坚持工作，在枪林弹雨中，在灯火管制的夜晚，用飞机蒙布支起帐篷修飞机……

4. 革新技术、总结经验，勇创佳绩

1949年11月，人民空军刚刚成立，1950年底就奔赴战场，对于年轻的空军机务队伍而言，飞机维修保养工作没有一套现成的技术流程，没有一本操作规程，只能靠在实践中摸索，提高技术。工具不足和航空器材的缺乏是当时飞机修理最突出的难题。为解决难题，确保飞机及时升空作战，参战部队向全体机务人员发出了“大力开展技术革新，克服困难”的号召，一时间，人人想办法、个个找窍门的热潮迅速掀起。由于作战任务重、飞机出动频繁、战伤飞机多，修理战伤飞机铆钉的需求量猛增。飞机上多数为120度铆钉，而当时器材库只有国民党军队留下的90度铆钉，怎么办？机务人员就用车床进行改造，但由于速度慢、效率低，因此远远满足不了实际需要。广大机务人员动脑筋、想办法，自制了一台半自动杠杆式模具修改器，每分钟可以连续改造50多个铆钉，解决了技术难题，提高了保障效率。

据不完全统计，在抗美援朝期间机务人员进行了200多项技术革新，不少创举在今天看来，依然有很高的科技含量。

在抗美援朝初期，所有机务工作基本上没有规范和技术依据，所有经验都是在战斗中摸索积累，共总结战时航空机务保障经验材料2053篇。1952年初，参战单位各级干部等40余人组成联合检查组，进行相互检查学习，收集交流机务工作经验，共总结了战时外场工作的组织领导、外场制度、战时转场等11个方面的材料，汇编成册，下发部队学习参考。抗美援朝的航空机务工作，完成了由感性到理性的跃升，基本形成了一套成熟、完整的保障方法和涵盖各专业的维护规程技术规范，为后续航空机务事业的发展奠定了坚实的技术基础。

在历时两年多的抗美援朝战争中，机务系统遵循“在战斗中成长”的方针，在抗美援朝作战航空机务保障中边学习、边保障、边成长。由不会保障，到学会保障；由小规模保障，到大规模保障；由单一机种作战保障，到多机种联合作战保障；由只能在昼间简单气象条件下作战保障，到担负在昼间复杂气象和夜间简单气象条件下作战保障。在战斗中成长的人民空军取得了击落美机330架、击伤美机95架的战果。机务部队有力保障战机，建立不朽功勋，共保障飞行时间6万余小时，10万多个起落。其中，战斗起飞近2500批26000多架次，实战300余批4000多架次；飞机良好率为92.6%，战斗出勤率为99.16%；共修理战伤和

事故损伤飞机800余架次，修配各种附件20多万件。1300多人立功，其中10人荣立一等功，300多个机务单位荣立集体功，其中30多个单位荣立集体一等功。

（六）振翅飞翔——空军初建时期任务飞行的航空机务保障

1949年11月11日，年轻的人民空军在成立后，就按照空军“在战斗中成长”的建军指导原则，一方面迅速承担起与陆海军协同作战、国土防空作战和抗美援朝作战的重任；另一方面，立即加入到社会主义建设中，承担了各项任务飞行，空军机务部队也在任务飞行中勇挑重任，高效、有力地保障了飞机，确保飞行任务圆满完成。

1. 专机飞行的航空机务保障

专机任务是与国家的重大政治、军事、外交活动紧密联系，与党、国家和军委领导人的安全直接相关的重大而光荣任务。专机的机务保障，一开始就是机务工作的重中之重，要求必须做到万无一失、安全可靠。

我军最早的专机任务是由华北军区航空处所属的运输机分队执行的，保障的专机是护送彭德怀同志去新疆、接送参加第一次全国政治协商会议的新疆领导人。1949年，保障周恩来总理第一次去莫斯科乘坐的飞机，是人民空军成立后真正执行的第一次专机机务保障任务。当时保障的飞机是苏联派来的一架C-47型飞机，由中国空军机务领导机关与苏联专家共同保障。说是保障，其实只是在飞机落地后进行再次起飞的机务准备，以及进行飞机及技术文件的检查，放出燃料查看有无水分和杂质，然后签字放飞。

此时，我空军还没有专门保障专机的部队，保障专机的经验都源自多次保障实践中。我们总结了一套专机机务保障经验。首先，组成由专业人员参加的专机机务准备检查组，检查组主要负责挑选飞机和保障人员。专机的标准是飞机发动机寿命适当，工作处于最佳技术状态，履历清楚，没有发生过飞行事故；保障人员政治思想好、技术熟练。挑好了飞机和保障人员，接下来要对飞行员和空中机械师进行考核，了解其对技术和紧急处置方案的熟悉程度。然后，组织机务人员全面检查飞机，确保飞机上的燃料能用、够用。最后是试飞，在确保飞机和人员一切良好后，签字放飞。

到了1952年，空军成立专门执行专机任务的部队。该单位首次执行专机任务是1952年7月护送邓小平同志从北京到重庆，飞机为C-47，比较老旧，千里航线上没几个导航点，7月又是雷雨高峰期，加之空军初建，飞行人员技术水平不是很高。为了保证这次专机飞行任务的完成，空军部队选派了最好的空勤组，把当时最好的航空器材换到专机上，又几次同机组一起研究飞机保障，预想了各种可能发生的突发情况，并提出相应的应对措施。终于，经过各方努力，克服了各种困难，圆满地完成了任务，这一炮打响，也牢牢树立了航空机务人员保障专机任务的信心。

在空军建立初期，我们还自己改装过专机。第一架为毛泽东主席改装的专机是里-2型飞机，由空军机关派技术人员设计并进行改装技术指导，空军飞行中队的运输分队修理人员负责在西郊机场进行改装。

除了保障专机飞行，空军航空兵部队还积极参与支援社会主义建设飞行，机务人员全程参与，有效保障了飞行任务的执行。

2. 支援社会主义建设飞行的航空机务保障

中华人民共和国成立之初，支援社会主义建设飞行的任务很多。

一是轰炸黄河冰坝飞行的机务保障。1951年3月底，黄河包头段出现冰凌险情，受周恩来总理指示，空军部队受命于1951年3月31日出动杜-2型飞机3架、运输机1架，从部队驻地飞抵包头机场，执行轰炸冰坝、解除险情任务。经过7天7夜的奋战，保障飞行37架次，将10余处冰坝炸开，疏通了河道，使冰坝拦截的洪水泄流，解除了对50万人民群众生命财物安全的威胁，百万亩农田免遭洪水淹没。这是空军机务系统首次执行轰炸黄河冰坝的保障任务，此后多次执行类似的机务保障任务。

二是灭蝗飞行的机务保障。1951年6月13日，第六航空学校和某部航空处运输队受命出动飞机4架，飞抵河北省黄骅县喷洒农药灭蝗。在执行任务前，机务人员按照空军机关规定的原则，改装了飞机，在飞机上加装农药储存器、导管及喷头和操纵控制的电气系统，对飞机进行了维护和保养，采取防锈、防沙尘的措施。1951年9月，空军又派飞机到安徽泗洪，河北武清、安次、宝坻，湖北天门、汉川等县喷药灭蝗。1951年6—9月，先后出动飞机1000多架次，喷洒农药约16.2万公斤，灭煌面积6.3万余亩①，蝗虫死亡率为86%。

---

① 1亩≈666.667平方米。

中华人民共和国成立之初的任务飞行种类很多，此外，还有节日庆典的飞行与跳伞表演，背后依然是机务人员的辛勤工作。

3. 节日庆典飞行与跳伞表演的航空机务保障

新中国成立头几年，每逢“五一”国际劳动节、“七一”建党节、北京天坛体育场群众集会，都要空军派飞机撒传单。1952 年“八一”建军节，全军第一届体育运动大会召开，空军在西郊机场进行了飞行特技和跳伞表演。为了保障表演顺利进行，空军机关于当年的 6 月就发布了相关机务工作指示，对训练前、训练中及预演期间的机务工作，以及表演当日的注意事项等做了具体规定。随后，空军机关派出 6 人，协助部队组织了机务保障工作。参加表演的飞机均按照空军机关的要求，由第六航空学校和独立第三团的机务主任亲自检查、打开飞机铅封，进行试车和飞行前检查。在一切准备就绪后，在西郊机场进行了特技飞行和跳伞表演，20 多名飞行员、120 多名跳伞员、14 架各型飞机参加了表演，向社会各界展示了人民空军的风采。

在空军建立初期，仍处于歼灭国内残敌和参加抗美援朝的作战环境下，人民空军边打边建设，经受锻炼，迅速成长。绿叶艳红花，巨手托战鹰，航空机务系统在这一时期牢牢锚定任务，成功保障了要地防空，支援地面部队作战，参加抗美援朝作战和部队、航校的飞行训练及任务飞行的航空机务保障。

（七）要地防空背后的航空机务保障

在空军创建之初，人民解放战争尚未完全结束，台湾及一些沿海岛屿被国民党军队占据，不断有敌机轰炸破坏大陆沿海地区和内地重要城市。在华东、中南、西南和西北地区，还有大量的残匪和国民党武装特务。空军担负的作战任务十分繁重，要地防空和支援陆军歼灭残敌双线并举。从 1950 年到 1966 年，空军航空机务系统先后保障了抗美援朝、要地防空、入闽作战、进军西藏、自卫反击等 8 次大规模作战行动，要地防空就是其中一项艰巨的任务。

1949 年冬，国民党政府败退台湾后，其空军不断对大陆沿海地区重要城市轰炸破坏，企图破坏大陆的经济恢复和解放沿海岛屿的准备工作。当时，由于上海是支援全国经济建设和解放沿海岛屿的重要基地，因而成为国民党空军轰炸袭扰的重点目标之一。

从1949年10月至1950年2月，国民党空军疯狂袭击上海，上海遭受空袭达26次，仅1950年2月6日12时35分到13时52分，国民党空军的17架飞机分4批轮番轰炸上海电力公司、沪南和闸北水电公司等地，投弹84枚，炸死炸伤居民1400余人，毁房2000余间，发电厂遭到严重破坏，几乎全部停工。然而，由于当时上海防空部队力量薄弱，航空兵部队还在筹建之中，虽然在发现国民党空军飞机后积极进行了抗击，但是未能给来犯之敌以有效的打击。为解决上海防空的燃眉之急，中共中央与苏联政府商定，苏联派空军来中国协助防空。

1950年2月16日至3月5日，苏联方面派出巴基斯基混成集团，其中包括2个驱逐机团、1个混合航空兵团、1个探照灯团和1个对空情报雷达营的兵力，分别进驻徐州、南京、上海，帮助中国从空中对付国民党空军飞机的袭扰。苏联巴基斯基混成部队迅速展开行动，先后击落国民党飞机5架。1950年10月，苏联巴基斯基混成部队返回苏联。

1950年3月25日，我军在上海地区建立了中国人民解放军第一个对空监视营。1950年6月14日，中央机关电文命令空军在南京成立空军第四混成旅，6月19日，第四混成旅正式成立。8月8日，第四混成旅进驻上海，上海市人民政府组织盛大的欢迎仪式，第四混成旅的指战员特意乘车经过繁华的上海四川路、南京路和淮海路，向世人宣告上海市的天空有了中国人民自己的保卫者。

第四混成旅的机务人员在苏联巴基斯基混成部队专家的帮助下，进行突击改装训练，并接收苏联空军119架飞机及全部配套的地面设备、修理车等。经过两个月的短期突击改装训练，初步掌握了苏制飞机的维修保障技术，于1950年10月19日在上海地区正式担负飞机战斗值班与防空作战保障任务。后来，第四混成旅的一部分北上参加抗美援朝，所属的一个歼击机团调入新组建的某部，继续担负保卫上海的防空任务。

1950年11月，空军某部奉命接收驻东北协防的苏联空军别洛夫、阿留申柯两个师的飞机138架。中国空军部队的空地勤人员经过速成训练后，迅速组建了自己的部队。其中还有部分部队到苏联空军协防部队进行一对一的紧张训练。1951年初，苏联援华空军开始陆续回国，自此从北到南的要地防空作战机务保障任务都由人民空军机务人员担负。

此后，直到抗美援朝战争结束，中国空军机务人员共保障要地防空作战飞行

500 多批 3000 多架次，击落美国海军、国民党空军飞机 5 架，击伤 3 架。

（八）解放一江山岛战斗中的航空机务保障

1954 年，距离蒋介石离开大陆已有 4 年之久，原本按照他的设想，要以台湾为中心，建立一个北连青岛、长山列岛，中段为舟山群岛，南到台湾、海南诸岛的海上锁链，并用这根长长的铁索扼住大陆命脉。可是随着青岛、长山列岛、海南岛、舟山群岛等绝大部分岛屿被解放军攻占后，他的海上封锁链条被节节斩断。此时，要想再反攻大陆，就必须牢牢占住金门、大陈诸岛。

大陈岛位于浙江省台州湾外东海中，面积为 14.6 平方千米。由上大陈岛和下大陈岛组成，是浙江沿海 1100 多个岛屿的中心，也是台湾的屏障。一江山岛是一个面积不到 2 平方千米的小岛，但它地处大陈岛与大陆之间，是国民党的“前哨阵地”。时任台湾当局“国防部长”的俞大维就曾声称：“一江山岛是大陈的门户，一江不保，大陈难守，大陈不保，台湾垂危。”由此可见这弹丸之地在敌人心目中的分量。

1953 年 8 月，原国民党军 67 军中将军长刘廉一代替胡宗南接管大陈诸岛，增配全部美式装备的 46 师。刘廉一上任后调整兵力部署，形成以大陈岛为核心，以一江山岛、头门山岛及披山、渔山为屏障的海上作战防御体系，防线 120 余海里①。国民党利用这些岛屿，经常进行骚扰破坏活动，企图把这些岛屿变成反攻大陆的跳板和护卫台湾的屏障。

为了粉碎台湾国民党的阴谋，中央军委于 1954 年 8 月决定，由华东军区统一指挥海、陆、空三军部队协同作战，解放浙东沿海台湾当局所占岛屿。时任华东军区参谋长的张爱萍任浙东前线指挥部司令员兼政委。华东军区根据敌情、地理等情况，决定首先攻占一江山岛，作为夺取浙东沿海岛屿的突破口，同时佯攻披山，继而全力进攻大陈岛。为有效支援登陆部队顺利攻克敌岛，空军和海军抽调强有力的航空兵兵力，以空军、海军袭击大陈岛，以陆军一部攻占一江山岛。这是中国人民解放军第一次三军协同渡海登陆作战。

战役计划确定以后，各参战部队针对实战需要，组织紧迫的临战准备。

---

① 1 海里≈1853 米。

参加一江山岛战役的空军航空兵部队共有各型飞机200多架，分别部署于浙东各机场。

浙东前指要求航空兵备部队加强战前训练，进行周密准备。空战胜利表现在空中，但胜利的保障却在地面，只有地面航空机务维修保障人员付出艰辛劳动，对飞机精心维修保养，飞机才有可能随时以良好的状态升空作战并取得胜利。飞行训练考验的是机务人员的维护水平。1954年秋末冬初，浓浓大雾笼罩在笕桥，一架杜–2轰炸机因起飞时不慎机身擦地，滑入跑道边的草地上，2台飞机发动机严重损坏、2个螺旋桨8片金属桨叶严重打弯、2个炸弹舱门严重变形……

战斗迫在眉睫，可是飞机却无法升空。当时我空军能参战的轰炸机数量有限，这架飞机又损伤严重，没有十天半个月根本不可能修得好。怎么办？机组机务人员立下了掷地有声的军令状："5天内修复好，让战鹰重返蓝天。"于是，他们加大工作强度、延长每天的工作时间，饿了用沾满油污的双手端着饭碗匆匆扒几口，累了就在飞机下水泥地上躺一会儿。甚至为了防止因太困而总想合上双眼，大家用胶布把眼皮粘住，睁大眼睛。整整5天5夜，120个小时，机组人员和修理厂人员，啃下了这块硬骨头。第6天，迎着黎明的朝霞，战鹰顺利起飞。

与此同时，在当地党政领导和人民群众的全力支持下，我们还抢修了野战机场，积极参与技术研究、作战机务保障实战演练，不断提升保障能力。为有效生成和保障飞机战斗力，机务人员对自己提出了严格的要求："能在飞机上维修的，决不拆卸机件；能在外场完成的工作，飞机决不进内场；能在一线战斗岗位上进行的维修，绝不耽误飞机随时出动。"这样的要求在当时环境下提出，无疑是苛刻的。但是正如机械师张益鸿所讲："要求提出了，就得实现，否则别人会说机务人员耍嘴皮子，这是我们坚决不能接受的。"于是，空军航空机务人员创造了战地便携式飞机检查维修"医疗箱"，飞行员们开玩笑说："你们很像'赤脚郎中'啊，不过还真管用，飞机'看病'方便多了。"为了提高维修保障的效率，机务人员提出"一专多能""一物多用"的设想，大家加班加点修复飞机，见缝插针学习业务，一起改造或动手制作配件，极大地提高了飞机修复效率。

1955年1月18日上午7时40分，随着聂风智一声令下，从半夜就已经完成"充填加挂"的我军69架飞机似离弦之箭，射向万里无云的晴空。空军航空兵的27架轰炸机以"品"字队形前进。7时57分，编队由琅机山进入轰炸航路，8

时整准时到达目标上空，与 24 架强击机和海军航空兵的 18 架轰炸机一起，开始了预先航空火力准备。在一阵猛烈攻击后，一江山岛烟雾腾腾，守军丢盔弃甲。

为防止大陈岛守军对一江山岛实施火力和兵力支援，我军在对一江山岛进行大规模轰炸的同时，对国民党守军的防御核心大陈岛进行了空袭，轰炸的重点是“大陈防卫司令部”、炮兵阵地、通信设施和防空雷达等，使其通信联络中断，指挥处于瘫痪状态，无法对一江山岛实施指挥和支援。

轮番轰炸使敌人晕头转向，通信中断，指挥瘫痪，1955 年 1 月 19 日，一江山岛作战取得胜利。

一江山岛作战战斗时间短，准备时间长，而且为了迷惑敌方，参战空军部队经常转场，给一线机务人员带来了更多挑战和困难。每一次转场都要携带成批装备坐卡车行进，那时的交通又不便利，经常碰到台风、雷雨天气，千里奔袭，困难可想而知，狂风暴雨里人推汽车走的事情时有发生。但是困难难不倒英勇无畏的机务人，他们上下同心、披荆斩棘，保障出动各型飞机近 300 架次，创造了飞机 99%良好率和 100%出勤率的航空机务保障奇迹。

（九）“3∶0”背后的航空机务保障

福建、粤东地区面对台湾海峡，是大陆的海防、空防前哨，战略地位十分重要。早在 1950 年初，人民解放军就在这个地区修复机场，准备进驻空军部队。朝鲜战争爆发后，为了集中力量进行抗美援朝作战，暂停了进驻部队的行动。在这前后七八年的时间里，国民党空军掌握着这片地区的制空权，经常出动飞机对大陆进行袭扰破坏。

1958 年 7 月中旬，美国公然下令驻远东地区美军进入戒备状态，并加强了北起冲绳、南至菲律宾的海、空巡逻。7 月 17 日，台湾当局也令其陆、海、空军进入特别戒备状态，并连日出动飞机对福建、广东沿海进行侦察，公然声称要“加速进行反攻大陆的准备”。

为了打击美国的嚣张气焰，严惩国民党军队的挑衅活动，空军根据中共中央和中央军委的指示，日夜兼程，从内地迅速完成向福建、粤东地区的战略机动。空军部队进驻福建、粤东地区后，与国民党空军展开了激烈的空中斗争，夺取了福建、粤东地区的制空权，胜利地完成了配合陆、海军炮击金门和对金门进行封锁的作战任务。

根据空军党委第五次、第六次党委扩大会议决定，第一批入闽作战的部队于1958年7月24日前全部到达预定位置，担负作战值班任务。7月25日，上级电令入闽部队做好行动准备，要求必须于7月27日进驻福建。进驻后出动到厦门、福州上空活动。第二批入闽部队做好入闽准备，做到一旦接到命令，能于5~7天实施战斗行动。入闽部队完成部署后进行作战研究，精心组织打好第一仗。机务人员摩拳擦掌，精心细致检查飞机，加班加点排除故障，最大限度地保持和恢复飞机良好状态，保证飞机随时升空作战。

1958年7月29日11时03分，4架国民党空军飞机，贴着云层，低空向汕头方向进袭。11时05分，我军机场指挥所及时命令大队长赵德安率高长吉、张以林、黄振洪驾驶米格-17型飞机起飞迎击。4架飞机在起飞后，立即进行严密搜索，11时14分，在汕头市东北侧南澳岛上空2000米处，3号机飞行员高长吉首先发现敌机，马上向指挥员报告，师长林虎果断指挥，赵德安立即率队转弯迂回，进行包抄。这时，敌机已完全暴露在我火力之下，敌机发觉后，张皇失措，企图逃跑。但他们已被高长吉双机咬住，在敌僚机左转逃脱时，高长吉狠狠地打出一排炽烈的炮火，打得它翻滚坠入海内，敌飞行员也被迫在海上跳伞。敌长机想顺海面逃跑，张以林紧跟下去，一阵猛烈炮火，斩断了敌机左翼，敌机立即爆炸开花。与此同时，带队机长赵德安射出的炮弹在敌带队长机前身开花。经过3分钟空战，中队长高长吉、飞行员张以林各击落敌机1架，赵德安击伤敌机1架，以3：0获得全胜。这次旗开得胜的空战揭开了福建前线夺取制空权的序幕，给国民党空军以沉重打击。

胜利表现在空中，胜利保障在地面。为打赢这场3：0的战斗，机务人员尽最大努力保证了飞机的良好状态。部队入闽时，正值台风季节，福建地区连续19天阴雨，交通受阻，机关和部队不顾疲劳，不畏艰苦，在地方党政机关和人民群众的大力支援下，迅速开展各项准备工作。进入汕头后，地勤人员仅用两个昼夜突击，就完成了往常需要7天的工作量。1958年7月27日，作战飞机全部处于良好状态，随时可以待命迎战。为了保证飞机出勤率100%，我们喊出了“故障不过夜，故障不上天”的口号。那时有人问：“你们的飞机天天飞，怎么总也不见少？”这是因为机务人员都是晚上干活，夜里打着手电检查飞机、排除故障，有时一干就是一宿，辛勤的付出换来的是飞机什么时候都可以飞。

当时生活条件艰苦，南方夏季闷热，晚上睡觉没有电风扇，机务人员就到机场外面睡，左手是毛巾，右手是扇子，要是还睡不着就冲个凉。为了防止敌人夜晚轰炸，外场的飞机需要疏散掩护，第二天又要正常飞行，机务工作者们只能天没亮就把飞机拉回机场。所以经常是天凉快时刚睡着，就听见哨声起床开始干活，一干就是一天。

当时维修设备和手段落后。一次检查需要爬进气道，赵德安飞机的机械师王诚同志身形较胖，不好爬，为了尽快检修飞机，他就先喝很多热水，让身体出汗，使身上很滑，然后像泥鳅一样钻进去，出来时再让战友用绳子把他拉出来。后来王诚同志在回忆这段过往时说道："那时虽然条件很苦、工作很累，但一想到保证了飞行安全，飞行员打下了敌机，我们心里就十分高兴。"

正是机务人员这样不怕吃苦、甘于奉献的精神将空战的胜利锁定在正义的一方。1958 年 7 月 30 日，毛泽东主席在听取汇报后，对空军司令员刘亚楼说："祝贺空军旗开得胜！"此战大大鼓舞了广大指战员的战斗激情。

空军紧急入闽作战是继抗美援朝以后又一次规模较大的作战行动。1958 年 7—10 月底，入闽作战部队机务人员共保障出动飞机 600 余批，近 4000 架次，进行空战 11 次，击落国民党空军飞机 12 架，击伤 6 架。此后，国民党空军再没有出动过大规模飞机与人民空军争夺制空权。

第三章　严谨科学，一丝不苟

航空机务工作事关飞行安全、国家安全和人民生命财产安全，对于空军航空机务而言，还关系到战斗胜利，是整个航空事业的重要组成部分。机务工作是一门科学，它的工作对象是凝结了一个国家最高科技水平的飞机，百年航空史用实例一次次证明了航空机务工作者必须秉持严谨科学、一丝不苟的工作作风。传承到今天，这一工作作风已成为航空机务的优良传统。

一、严谨科学，一丝不苟具有丰富的内涵

著名科学家钱学森曾说："科学是严肃的、严格的、严密的，是不允许马虎的，所以科学技术工作者必须首先有良好的科学工作习惯。"航空机务工作是一门技术，也是一门科学，同样需要严谨求实的科学态度、良好的科学工作习惯，以及认真负责、一丝不苟的工作作风。

（一）严谨的科学态度

态度决定行为，细节决定成败。科学严谨的工作态度，一丝不苟、精益求精的细节管控是做好机务工作的重要保证。机务工作的核心是维修飞机，无论是民航还是军航，都需要机务人员对飞机进行不间断地维护和排故，确保飞机安全可靠。然而，自从世界上有了航空后，总是由于在飞机维护过程中的各种错、忘、漏、违规操作而造成人员伤亡、经济损失。在战争中极有可能因此丧失作战先机。这些事故不断警醒着我们，只有坚持严谨的科学态度，严格按规章制度办事，一丝不苟，才有可能确保安全。

所谓“态度”，是指人们对待人或事物的一种心理倾向，是对人对事的看法在言行中的表现，它通常包括认知、情感、意志和行为倾向等 4 个方面。认知是指人脑对于客观存在的人或事物的反映，它包括感性认识和理性认识。情感是人们对客观存在的人或事物是否符合自己的需要所产生的情绪体验，它表现为肯定、支持、冷漠、鄙夷、厌恶、愤怒等。意志是人们自觉地确定目的，并支配行动去克服困难和障碍，为实现预定的目的而作出抉择的力量和坚持精神，是认识转化为行为的关键环节。意志对行动的调节可以表现为发动和制止两个方面，前者是激励和推动人们去从事达到预定目标所必需的行动，后者是抑制和阻止不符合预定目标的行动，二者的作用是对立统一的。行为倾向是人们在一定的意识支配下表现出来的对某一方面的人或事物的偏向，是人的认识在外部的表现。认识、情感、意志是统一的心理过程的不同方面，彼此相互影响，相互制约，最终形成人的某种行为倾向，使人对客观事物产生肯定或否定的态度。

人们在认识世界和改造世界的过程中，总是抱着一定的态度看待客观事物。态度这一概念可以从以下几个方面来理解：第一，态度是一种“内部状态”，是一种反应的倾向性或反应的准备状态，虽然包含着行为倾向成分，但并不等于行为本身；第二，态度不是人先天就有的，它是在人的实践活动和后天环境相互作用中取得一定经验而获得的，它虽然具有抗变性，但也是可以改变的；第三，态度有具体的指向，它是与一定的具体对象相关联的，这种对象可以是具体的物或活动，也可以是抽象的观念；第四，态度有一定的稳定性与持续性，态度一经形成，就具有一定的一致性与一贯性。例如，在机务工作中，机务人员整天与飞机打交道，义务、责任、荣誉、幸福都与飞机紧密联系在一起，逐渐培养出对所维护的飞机的一种特殊的感情，称飞机是“无言的兄弟”，自称“战鹰卫士”“飞机保姆”。但也有机务人员不愿在机务岗位上工作，认为航空维护是幕后英雄，是全机场最苦、最累、最脏的工作，不能像电影里的飞行员那样帅气英俊，也不能像空中勤务人员那样离领导近，只能像老黄牛一样“当天梯、扶轿子”，于是在机务工作中牢骚满腹、讲条件、谈待遇，把自己的责任心和事业心抛之脑后。有的老机务人，干了一辈子机务，对飞机产生深厚的情感，把飞机当成是眼珠子一样爱护，但也有新同志还无法理解这种态度和情感，于是每天的机务维护工作就是打卡上班、到点下班的例行工作。这就是不同态度对机务人员和机务工作的影响。可见，态度比一般的认知要更深一层，并具有某种程度上的稳定性与持续性，它不仅仅表现为对某一事物的认识，更重要的是反映人们对事物的主观倾向（如爱与恨、好与恶、肯定与否定等），并直接影响人们的行为指向。

科学是揭示事物发展的客观规律、探求世界真理的学问，从人们认识科学时，它就具备了实事求是的基本特性。人们通常把在实践中从实际出发、尊重科学、按科学规律办事的这种心理指向或行为趋向，称为科学的态度，科学的态度也就是实事求是的态度。

毛泽东同志讲："'实事'就是客观存在着的一切事物，'是'就是客观事物的内部联系，即规律性，'求'就是我们去研究。我们要从……实际情况出发，从中引出其固有的而不是臆造的规律性，即找出周围事变的内部联系，作为我们行动的向导。"这里虽然着重指的是对待马列主义和指导中国革命所应有的科学态度，但其基本内涵是普遍适用的。航空机务工作涉及面广，尤其随着现代航空器的发展，航空机务也迎来前所未有的挑战。飞机上大系统套着小系统，大大小小、成千上万的零部件，稍有不慎就可能导致机毁人亡，因此，必须要有实事求是的态度。

所谓"严谨"，是指严肃认真、谨慎周到。科学与严谨不可分离，没有严谨的态度就不可能真正尊重科学，也不可能认识和掌握科学规律，而严谨如果不建立在科学的基础上，也就失掉了它应有的意义，甚至会走向科学的反面。因此，古今中外的科学家都主张严谨治学。数学家华罗庚说："科学是老老实实的学问，来不得半点虚假……实事求是，是我们的座右铭。"

严谨的科学态度就是严格按照科学规律办事，这是创造的前提。人们在改造自然、适应自然时，并不是被动接受的，而是积极主动地发动思考、张开怀抱去创造世界，这是人与动物的显著区别。但是人们这种主动作为并非肆意而为，而是在观察自然发展规律以后才进行改变。例如，中国农历，是古代中国人在长时间的农业生产中，不断观察自然、总结规律，创造性地提出了适合中国农业生产的历法。而这一切并非出自某个人或某个群体的集中思考，而是观察自然、掌握规律后按照规律行事的结果。

因此"严谨"并不是肆意创新，也不是"墨守成规"，相反，严谨治学，严格按科学规律办事才能有所创造。翻开人类科学技术发展史，不难发现严谨的态度无处不在。航空是人类科学技术发展的优秀成果，它代表着人类科学技术的最高水平。严谨的科学态度自然具有更加重要的意义。中国航空机务发展到今天，维修思想经历了从事后维修到预防性维修、到以可靠性为主的维修思想，再到基于新的航空器的预测性维修，百余年的发展历史无不是历代航空机务人严谨的科学态度所影响的。在航空工程技术领域，“大概”“差不多”“应该吧”这一类似是而非的说法，是对航空机务人的侮辱。

严谨的科学态度是航空机务人科学素养的体现。机务人员工作的直接对象是飞机。飞机凝聚了现代科学技术的最新成果，航空机械、航空电子设备、航空仪表电气设备等部分组成了飞机上的复杂系统。与地面、水面上的车、船不同，飞机在空中活动会发生与地面上不可相提并论的变化，这时这个价格昂贵、技术复杂的大家伙很可能因为一丝一毫的差错、缺陷而导致机毁人亡的大事故，因此机务人员的科学素养必须比其他行业的人员更高，其中就包括了严谨的科学态度。科学态度是人的科学素质的重要体现，是确立正确的世界观、人生观和价值观的内在基础，表现为探索求真、理性思考、严谨实证和怀疑反思。没有科学态度，就容易接受错误观念，人的思想观念就可能发生错位，认识世界改造世界的能力就会被削弱。

（二）“求是”的职业精神

“求是”是指按照事物本来的面貌及其固有的规律性去认识和对待它，就是尊重科学、实事求是。对于机务工作者来说，就是要转变经验维修的思想，减少盲目性，增强自觉性，运用科学的方法，不断提高维修质量和效益。

“求是”是严谨的科学态度的核心，因为它是贯穿在严谨的科学态度中的一根主线，是出发点和落脚点。我们强调责任感是前提，但如果离开了“求是”，单凭热情去工作，就会出纰漏，甚至会给人民航空事业造成不应有的损失，就丧失了职业责任感。航空机务工作强调“严谨”“细致”“周到”，而这些如果不是建立在“求是”的基础上，便毫无意义。在航空机务的萌芽时代，人们对机务工作的特殊属性不了解，秉着中国人朴素的经验维修飞机，事后维修、大拆大卸，看上去细心周到，但带来了过度维修的后果，这也不是严格意义上的“求是”。

“求是”在思想品质上要求人们忠诚老实。做老实人，办老实事，决不隐瞒自己工作上的差错，决不不懂装懂，决不掩盖事实真相，以图侥幸。因为科学是不容许有半点虚假的，一是一、二是二，不能含糊，否则，小差错可能酿成大事故，怕麻烦反而变成了更麻烦。“侥幸”的结果很可能导致灾难性的后果，因此，作为一名有高度责任心的机务工作者决不会因个人的虚荣、面子、得失而不做老实人。军航、民航航空机务维修系统都提出了举手报告制度、免责报告制度，大力推广公正文化，就是要培养机务工作者的“求是”精神。

（三）良好的工作习惯

工作习惯是人们在从事劳动生产时所形成的惯性行为，是人们长期从事某个工作后的自然产物，良好的工作习惯会使机务工作顺利开展，在潜意识影响下确保航空机务工作的质量。良好的工作习惯源于对法规制度的严格遵守和在遵守法规制度过程中逐渐形成的法规意识。航空机务最早的专业莫过于机械，机械师总是机场最忙碌和辛苦的那群人，他们身上或多或少都有点“强迫症”，当然，这不是病理上的病症，而是一种基于对法规制度烂熟于心的工作习惯。例如，机械师总是喜欢反复确定螺钉是否拧好，总是仔细检查飞机外观和发动机。这就是良好的工作习惯，这一习惯带来的是安全无事故、飞机和人员的平安。

同样的，不好的工作习惯也会造成严重的后果。人们在解读著名的“海因里希法则”时总会讲这样一个故事：一位机械师试图把皮带挂到正在旋动的皮带轮上，但是他没有按照规定使用拨动皮带的杆，而是徒手上皮带，并且站在摇晃的梯板上，同时还违规穿了一件宽大长袖的工作服，结果被皮带轮绞入碾死。事后调查发现，这位机械师使用这种徒手上皮带的方法已经长达数年之久，查阅近 4 年的病例发现他有 33 次手臂擦伤后治疗处理的记录，他手下的工人们都很佩服他的手段高明，却不知第 34 次就是死亡。

（四）一丝不苟的工作作风

航空机务工作与其他行业工作不同的地方是它责任重大，必须保证安全可靠、万无一失。无论是民航还是军航，航空机务一线人员的工作是进行大量的检查、测试、维护、保养等，这些工作技术性强、标准要求高，但是又是每天重复、几乎一成不变，这就产生了工作作风与工作实际之间的矛盾。机务工作责任重大，不允许一星半点的疏忽和一丝一毫的差错，否则就有可能造成不可估量的严重后果。对于民航机务而言，一个螺钉可能就会威胁到飞机上所有乘客的生命安危、使全部货物的损失殆尽、使一架昂贵飞机的损毁。对于军队航空机务而言，其工作作风直接关系到空军战斗力的提高；关系到战鹰能否开得动、追得上、截得住、炸得准，不失时机地消灭来犯敌人，胜利地保卫祖国的领空；关系到战鹰能否迅速准确、保质保量地完成支援社会主义现代化建设的光荣任务。正因如此，历代机务人员都有一个共同的认识：航空机务工作责任重大，是国家财产之所托，战友生命之所依，国威军威之所系，必须严而又严，慎之又慎，绝不能有一丝一毫的马虎。

二、严谨科学，一丝不苟是航空机务人员责任感的具体体现

一代人有一代人的责任，一个行业有一个行业的职责要求。所谓“责任”，是指人们分内应做的事和没有做好分内的事而应承担的后果。人们在职业实践中，把职业责任内化为自己的情感、信念，以及对社会、对人民负责的精神，自觉地履行职业责任，就是我们所说的责任感，也就是责任心。责任感是工作成果和工作质量的保障，它具有以下几个特点。

（一）责任感的前提是个人职业责任

责任不是个人主观决定的，而是从个人与社会的关系这一客观存在中引申出来的。人们生活在由人组成的社会里，个人的生存发展、利害得失都与社会息息相关。就如被狼养大的孩子，即使被救回人类社会，也很难融于社会，最后还是会像花儿一样凋零。每个人都依赖于社会，社会的发展变化千丝万缕地影响着人们。相应地，每个人也都必须承担一定的社会责任，责任感就是个人对这一客观责任的认识与体验。民国时期的课本上这样写道：“猫捕鼠、犬守门，人无职业，不如猫犬。”短短十余字就是在教育人们要有职业责任。

（二）责任感的基础是个人在履行职业责任中的能动性

人们的社会责任是客观存在的，这是社会赋予人们的“特权”，然而人们可以能动地选择以何种态度面对社会责任，这时就会出现即使同一社会职责，不同的人也会有不同责任感的情况。人的这种能动选择就是责任感的基础。例如，在面对枯燥、一成不变的工作时，是选择开动脑筋、创造性地完成任务，还是选择消极被动，不情不愿地接受任务。在航空机务工作中，是选择“差不多”“应该吧”的态度完成飞机检查，还是选择兢兢业业、极端负责的态度完成工作。往往人们的这种主观选择，体现了责任感的高低，并且直接决定了履行职业责任的结果。回望军用航空和民用航空，事故、伤害和损失背后，总能找到责任感缺失的证据。

（三）责任感的标志是个人是否自觉履行职业责任

职业责任是个体在社会中生存必须承担的客观责任，责任感则更具主观色彩，一个人是否有责任感，最直接的表现是他是否自觉履行职责。只有当一个人把职业责任内化为自己的信念，特别是能以对社会和时代的使命感，自觉履行其应尽的社会责任时，才能叫作具有高度的责任感，这是做好一切工作的必要前提和精神动力，也是树立严谨求实科学态度的必要前提。中国著名的药学家、首位获得诺贝尔生理学或医学奖的华人科学家屠呦呦就是具有高度责任感的人物代表。她在世界性流行疾病疟疾的防治研究上投入 40 多年。1969 年 1 月，她接受国家“523”抗疟药物研究的重任，为找到抗疟药，她和团队在 2000 多个中草药方中，整理出 640 种抗疟药方集，检测了 200 多种中草药方和 380 多个中草药提取物，甚至不惜以身试药，证明研究成果的安全性。这些默默无闻的创举背后是极强的社会责任感和作为一名中药研究学者的职业责任感。

航空机务人员的高度责任感，是指在航空机务工作中，一个机务工作者对自己承担的使命、职责、义务所抱的坚定态度。这种态度是对航空机务工作所承担的重大责任的一种强烈的自觉意识和崇高的情感、意志，是一种优秀的品德。航空机务人员的高度责任感，是机务工作者的理想、志向和事业心的高度统一，是机务工作者在航空维修中作出贡献的一种强大的内在动力。有了这种高度责任感，在维护工作中，才能树立起严谨的科学态度。“雷锋式干部”“机械师尖兵”夏北浩之所以能以严谨的科学态度对待工作，和他的“三个负责”精神是分不开的。他说：“党把价值昂贵的飞机交给我维护，这是对我的最大信任，我绝不能辜负党的期望，一定要以认真负责、踏踏实实的态度，对战斗胜利负责，对战友安全负责，对国家财产负责。”“三个负责”精神，深刻揭示了机务工作的固有属性，明确了机务工作的出发点和归宿，是机务工作的指导思想，是“夏北浩检查法”的核心思想，学习夏北浩，最重要的就是要学习他的“三个负责”精神，树立高度责任感。有了这种责任感，才能做到一丝不苟、精心操作，保证不发生任何差错，不遗留任何隐患；才能为飞行安全和战斗胜利提供可靠的保障，才能使飞行员的勇敢和智慧得以充分地发挥；才能在祖国的万里蓝天，牢固地筑起空中的钢铁防线。

对于民航机务人员同样要求高度责任感。民航是我国交通系统重要的组成部分，尤其随着飞机、发动机国产化的深度发展，民航越来越多地承担起国家交通运输的重要任务，渐有赶超“铁路老大哥”的趋势。2016 年，时任国务院总理的李克强同志在政府工作报告中首次提出“要培养工匠精神”，其后数年，“工匠精神”多次被党和国家领导人提及，指出“要大力弘扬工匠精神，厚植工匠文化，恪尽职业操守，崇尚精益求精……推动中国经济发展进入质量时代。”总的来说，工匠精神的本质是一种在工作中追求精益求精、尽善尽美的精神理念，它包括严谨的工作态度、敬业负责的传承与创新和立德立身的道德品质。而衍生到民航领域，机务维修工作在其特有的重复性、严谨性、执行性等内在属性上与工匠精神高度契合。可以说，一名具备工匠精神的机务，必定具备高度责任感。

三、机务人员必须严谨科学，一丝不苟

（一）严谨科学，一丝不苟是做好机务工作必须具备的态度

任何一项工作都必然遇到主体与客体、工作者和工作对象、个人和环境等的关系，在处理这些关系时，人的主观选择决定了工作的质量和效益。科学严谨、

一丝不苟的机务工作态度，是处理好上述关系的一条原则，实事求是、严谨科学、不打折扣就能够避免工作中各种关系出现混乱。航空机务维修工作技术程度高、工作内容复杂、工作岗位重要，动辄就关系到人员、财产、任务、战斗等的安危成败，只有科学严谨、一丝不苟地工作，才可能避免事故发生。空军机务行业的楷模夏北浩同志曾经就为检查飞机发动机叶片上一处几乎微不可见的裂痕，在零下 29℃的天气里，穿着单薄的秋衣秋裤，穿梭于两架飞机的进气道，一寸一寸地看、一点一点地比对，40 多分钟的时间，他的嘴唇都冻得发紫，但是故障也在他的一丝不苟中暴露无遗。

严谨科学、一丝不苟不是对航空机务人员工作的苛求，而是对航空机务人员的职业责任心的具体要求，高空中飞机情况变化莫测，只有一丝不苟的工作作风、严谨科学的工作态度才可能保证飞行安全。

（二）严谨科学，一丝不苟是航空设备的特殊性质决定的

航空设备的精密性，要求航空机务人员具有严谨的科学态度。一方面，现代航空航天设备，是一个极其复杂、精密，环环相扣的系统工程，牵一发而动全身，哪怕一个焊点、一个接头、一个铆钉出了问题，都可能导致不堪设想的后果。1986 年 1 月 28 日，美国发射的“挑战者”号航天飞机，就是由于助推器两个部件之间的接头破损，造成发射失败，7 人遇难，在人类航天史上留下了悲惨的一页。未来战场情况更趋复杂多变，按错一个按钮、拧错一个螺丝、接错一根导线……任何一个小小的失误都可能导致战场上的失利，酿成灾难性的后果。

另一方面，飞机具有空中使用的特点，可靠性要求高。这是由下列情况决定的。其一，空中环境的特殊性。地面设备出了故障可以从容检修，飞机在空中一旦出现了故障，就会使人、机陷入十分被动、困难和危险的境地。其二，飞行情况的复杂性，飞机在高空高速运行，飞行状态和机件所承受的温度、压力、负载都处于急剧变化之中，这就要求飞机的各机件、各系统不但在一般条件下能正常工作，而且在各种复杂的情况下都能可靠地工作，如飞机发动机的操纵系统保险是否可靠，各工作系统是否密闭等。在地面也许出不了大问题，但在空中就不能等闲视之。美国的“挑战者”号航天飞机遭到机毁人亡的惨祸，就是因为燃料系统渗漏酿成的。其三，系统工作的联动性。飞机是一个复杂的系统，孤立地看

某机件工作不正常，也许不会直接危及飞行安全，但由于同其他系统或人机系统之间存在互动性，就可能导致飞行事故，这样的教训屡见不鲜。正如感冒一样，感冒不算大病，一般也不会危及生命，但感冒引起的并发症，却能置人于死地，所以一个真正对飞行安全负责的机务人员必须以严谨科学的态度对待自己的工作，力求万无一失。

（三）严谨科学，一丝不苟是航空机务职业的特殊性质与使命的必然要求

首先，机务工作难度大。飞机是高新技术的集合体，机载设备复杂，价值很高，由于飞机常常要在高空以高速做大负荷运行，就对机务保障的可靠性提出很高的要求。特别是一些老旧装备固有的可靠性、稳定性较差，更是增加了机务保障的工作难度。机务工作必须以严格的质量控制和严谨的工作态度来适应高度可靠性的要求。有时机务工作中一点微不足道的差错、疏漏，就有可能导致灾难性的后果，如一把螺丝刀丢失、一根保险丝断裂、一个螺丝帽松动、一个油箱盖未扣好、一个接头没固定好、一个开关的位置不恰当、一个肉眼不易察觉的裂纹等，这些在地面上看来不起眼的“小差错”“小问题”，都有可能变成空中的极大隐患，甚至直接酿成大祸。只有尊重科学，按照装备本身的技术原理和使用规定，刻苦学习，苦练技术，精益求精，采用查看、检测、诊断、监控等不同的技术手段精心作业，才能取得工作的主动权。

其次，机务工作强度大。机务工作是一项体力劳动与脑力劳动相结合的工作，劳动强度很高。连夜加班是家常便饭，赶上飞行旺季，更是不得空闲，再加上风吹日晒，体力消耗非常大。飞机受季节和天气影响大，各种检查、维修都需要机务人员全程在场，即使现在使用更多自动化检修工具，也仍旧需要机务人员操作完成。

此外，从履行机务岗位职责的外部环境来看，工作地域有北方的高寒地区、南方的高温地区、沿海的高湿地区，环境比较恶劣。机务工作者长年累月在外场作业，北方的冬季，寒风刺骨，风吹到脸上，像刀割一样；南方的夏季，烈日炎炎，机场像烧透的砖窑，热得人喘不过气来。面对机务工作的这种岗位特点和工作环境情况，再加上机务人员常年与飞机打交道，每天重复规定的程序，工作既

具体、细致、琐碎，又平凡、单调、辛苦，缺乏新鲜感和刺激性。如果没有严谨科学的工作态度、一丝不苟的工作作风，就不可能在艰苦的岗位上心无旁骛、一丝不苟地工作，也不可能在机务工作中求真务实、开拓创新。

四、文化链接

（一）航空机务核心理念

航空机务理念，处于航空机务文化形态结构的最高层次。在诸多航空机务理念中，“质量、责任、使命”是其中价值最高、处于核心地位和起主导作用的理念。航空机务核心理念可以概括表述为：“质量大于一切，责任重于一切，使命高于一切。”

1. 质量大于一切

航空机务作为从事航空技术保障工作的行业，保障飞机完好、可用是它的根本职能。在航空机务工作中处于首位、在构成航空机务保障力诸要素中权重最大的是质量。这里所说的质量，按照现代质量观，包括飞机的使用与维修质量和对飞机组织实施使用保障与维护修理的工作质量。航空机务人员要牢固树立质量大于一切的核心价值理念，在工作中坚持质量第一，把质量摆在构成机务保障力诸要素中权重最大的位置，正确处理质量与任务、质量与安全、质量与进度、质量与效益的关系，以一流的工作质量来保证飞机使用与维修质量达到战斗力标准。

质量对飞机的极端重要性，主要在于质量是安全的基础，质量安全是航空机务工作永恒的主题。航空机务是保障飞机空中使用的最后一个环节，把质量摆在大于一切的位置，努力实现个人维修零差错、单位维修零事故的目标，以提高维修工作质量来保证装备使用质量和飞行安全。

质量大于一切是处于基础和首要地位的核心理念。在航空机务工作中，坚持质量大于一切的理念，质量达到了标准，工作就主动，就会出成绩；相反，对质量的认识不到位，质量要求不达标，工作就会陷入被动，就无从履行职责和完成使命任务。

在航空机务发展的历史上，质量向来是机务人员的职业追求和行为出发点，从20世纪40年代的经验式维修、到20世纪60年代预防维修、再到20世纪80年代的科学维修，航空机务人员始终将维修质量放在机务工作的首要地位。

2. 责任重于一切

责任，是指航空机务人员履行的岗位职责。责任感，是一种自觉主动履行岗位职责的精神状态和意志品质。责任重于一切，是对航空机务人员岗位职责的价值判断。

责任重于一切，是航空机务人员在长期机务工作实践中形成的共同理念。这个共同理念和在此基础上凝聚起来对待机务工作的高度责任感，是航空机务人员精神世界的一个共同特征。这个共同特征，在机械师尖兵夏北浩、徐亚东、窦树军等航空机务战线上的先进人物身上，体现得更加突出。责任重于一切的理念，是航空机务人员忠于职守、默默奉献、克服困难、创新发展的力量源泉，是一代又一代航空机务人员用青春和汗水锻造的优良传统，是航空机务文化的宝贵财富。我们应当倍加珍惜，使它代代相传，不断发扬光大。

3. 使命高于一切

使命高于一切，就是把履行使命作为航空机务系统的最高价值追求，把献身使命作为航空机务人员价值追求的最高境界，并从理论与实践的结合上把两者统一起来。

实现革命理想是革命者毕生奋斗的最高价值追求。献身使命是革命军人的最高价值追求，是革命军人的最高荣誉。纵观我军历史，献身使命像一条红线，贯穿在我军建设和发展的全过程。从我军诞生之日起，就肩负起党赋予的推翻“三座大山”、武装夺取政权的革命历史使命，为创建新中国建立了伟大的历史功勋。在社会主义建设时期，我军圆满完成了保卫祖国、建设祖国的历史使命，为维护国家主权和人民利益做出了重大贡献。

航空机务确立使命高于一切的核心理念，就是对党、对人民、对国家的高度负责，是践行忠诚于党、热爱人民、报效国家的基本途径和共同的落脚点。航空机务人员献身使命，必须增强责任意识，把强烈的责任感、使命感内化为努力钻研、提高维修保障质量能力的动力。

（二）航空机务优良维护作风

航空机务的优良维护作风，是广大机务人员继承和发扬中国人民解放军的优良传统和作风，是在完成航空机务保障任务的历史进程中，在与飞机故障和维修差错作斗争的长期实践中逐步形成的。优良维护作风源于东北老航校。那时的航空机务工作，面临机务人员文化与技术水平不高、维修经验不足、保障任务繁重、保障条件简陋及缺少器材备件等诸多困难。广大机务人员在困难面前，继承人民军队优良传统，发扬“团结奋斗、艰苦创业、勇于献身、开拓前进”的精神，战胜了各种困难。经过保障作战的考验和繁重任务的磨练，广大机务人员加深了对航空机务工作性质和特点的认识，提高了对自身素质的要求，深切体会到航空机务工作是一项技术性特别强、质量要求特别高、时效性要求特别严的工作。要做好航空机务工作，不仅要有精湛的技术，而且要有坚定的革命事业心和高度的政治责任感；不仅需要革命的精神，而且需要科学的态度；不仅要与飞机的故障作斗争，而且要与自身的不良习惯、惰性、侥幸心理和可能导致维修差错的因素作斗争。优良的维护作风正是在这种认识和实践不断深化的基础上逐步形成的。

1965 年，航空机务人员将在长期实践中形成的优良维护作风总结概括为“忠诚老实、认真负责，按章办事、一丝不苟，准确迅速、密切协作，刻苦耐劳、连续作业”32 个字，这是首次对优良维护作风予以确认和界定。1984 年 2 月，32 字的优良维护作风进一步精炼为“认真负责、准确迅速、团结协作、刻苦耐劳”16 个字，一直延续至今。

认真负责，是指以坚定的革命事业心和高度的政治责任感，忠诚地履行自己的职业责任，尊重科学，实事求是，严格地按条令、条例和规程办事，精心维修，扎实细致，一丝不苟，以对战斗胜利负责、对战友安全负责、对国家财产负责的精神，确保自己所做的每一项工作的质量。

准确迅速，是指工作的结果必须实现质量与效率的统一。做到既要使维修作业的一招一式、一举一动，符合技术规范，达到技术标准，保证安全可靠，万无一失，又要用最短的时间完成作业任务；既要出好飞机，又要多出飞机、快出飞机，高质量、高水平、高效能地完成各项保障任务。

团结协作，是指为了实现共同的目标，机务人员之间、各专业之间、相关部门之间，在思想上要讲大局、讲信任、讲风格；在工作中要相互支持、相互配合、相互帮助，主动为别人创造条件、提供方便、解决困难，团结一致，密切协作，保证各项任务的圆满完成。

刻苦耐劳，是指在工作中具有艰苦奋斗的精神，敢于承担急难险重的保障任务，勇于攻克技术难关，不怕环境艰苦、不计名利得失，勤勤恳恳、刻苦钻研，任劳任怨、埋头苦干，胸怀大志、顽强拼搏。

16个字的优良维护作风，既与人民军队的优良传统一脉相承，又紧紧结合实际不断吸取时代精神而丰富发展；既是历史经验的总结，又是实际行动的准则，对于培养树立优良维护作风，加强机务人员队伍建设具有普遍且长远的指导意义。

（三）机务人员职业道德

职业道德建设是人类社会生活永恒的课题，也是时代发展的客观要求。一般来说，职业道德是指同人们的职业活动紧密联系的，符合职业特点所要求的职业道德准则、道德情操和道德品质的总和。既是对本职人员在职业活动中行为的要求，也是职业对社会所赋予的道德责任与义务。

航空机务职业道德的内容为“极端负责、精心维修”，这是航空机务职业道德建设的依据，是广大航空机务人员的道德规范。

1. 极端负责

极端，是指事物发展的端点状态、最高峰。极端含有绝对的意味。机务工作的极端负责就是不打折扣、绝对的负责，主要表现在以下几个方面。

（1）热爱航空机务事业，牢固树立对战斗胜利负责、对战友安全负责、对国家财产负责的观念，忠实履行职责，像爱护生命一样爱护飞机。

（2）养成实事求是、尊重科学、严谨细致的维护作风，自觉做到领导不在场和在场一样认真；冷天、热天和一般气候条件一样认真；飞机没有故障和有故障一样认真；飞行结束晚和结束早一样认真。

（3）牢固树立章法观念，学习、熟知和严格执行条令、条例和各项规章制度，做到飞机维修工作内容不漏项、技术标准不降低、操作程序不简化、故障疑点不放过。

(4) 发扬艰苦奋斗、连续作战的精神，不论严寒酷暑、白天黑夜，坚持“故障不过夜、故障不上天”，努力克服困难，坚决完成任务，积极保证安全。

2. 精心维修

(1) 认真学习高科技知识和科学文化知识，刻苦钻研业务技术，熟练掌握检查、维修飞机和发现、排除故障的基本功，努力争当技术能手。

(2) 坚持质量第一，精心检查和维护好每条线路、每个机件、每个部位、每架飞机，做到该看的看到、该摸的摸到、该听的听到、该嗅的嗅到，一丝不苟，高标准、高质量地做好第一手工作。

(3) 积极参加维修实践，不断摸索维修规律，改进维修方法，提高维修效率，尽心尽力出好飞机、多出飞机。

(四) 民航精神

民航精神又称当代民航精神，是中国民航在长期发展实践中形成的优良传统和精神文化的升华，即忠诚担当的政治品格、严谨科学的专业精神、团结协作的工作作风、敬业奉献的职业操守。

1. 忠诚担当的政治品格

忠诚担当是民航精神的根本。首先是对党、对国家和对人民忠诚，因为中国民航事业在中国共产党的领导下，事关国家发展和人民生命财产安全，只有做到心中有国家，心中有人民，才能从根本上保证思想上的自觉性。

其次是担当，担当就是具备强烈的职业责任感，在工作中明确自己的职责，履行自己的职责，将本职工作做到万无一失，才能保证安全这条生命线。

2. 严谨科学的专业精神

民航的高效发展需要技术驱动，技术发展依赖于科技创新，严谨科学的专业精神是创新的源动力。在工作中既不能没有原则的天马行空，也不能固执死板、不思进取，而是要钻研专业理论、夯实专业技能、提升专业水平，在坚实的专业基础上稳扎稳打、积极求索，不断进步。

3. 团结协作的工作作风

民航发展离不开每一名民航人的辛勤付出，每一个小螺丝钉汇聚在一起就能产生不可估量的强大力量，要认清自己在团队中的作用，肯定自我价值，贡献最大能量。

4. 敬业奉献的职业操守

敬业奉献就是要对事业、对理想的追求倾注满腔热情与执着，脚踏实地钻研民航业务，不断提高自身技能，承担民航事业赋予的社会责任、履行公民义务、服务人民、奉献社会。

五、事迹链接

“飞机神医”窦树军

窦树军是空军某部探伤技师。1990 年 12 月入伍，先后荣立一等功、二等功各 1 次，三等功 5 次，被评空军最佳航空机务工作者。

1990 年底，窦树军入伍。青涩的窦树军在参观师荣誉馆时发现全是一线英雄的名字和战斗机的故事，脑子里闪现的都是“忠诚”“壮烈”“奉献”这样的词汇。当他看到“机械师尖兵”夏北浩的时候，他很兴奋：“原来英雄谱上也有我们搞机务的。”带着对英雄的崇拜和敬仰，他开始了探伤之路。而这一干，就干了 20 多年。

窦树军在入伍前只有初中文化。可探伤是个技术活，要用各种仪器和检测方法，探测出飞机上的疲劳裂纹。这种无损检测技术，在各国航空维修领域广泛应用，涉及电学、声学、光学、航空材料学，他那点儿文化底子，根本不够用。没办法，只有笨鸟先飞。他开始从最基础的知识学起，课本上的不够学，他又订阅了专业刊物，接着自学完了《航空材料学》《飞机构造》等专业教材，记下了 40 多万字的学习笔记，在专业刊物上发表了近 10 篇文章。

探伤是个苦活、累活、细活。飞机进气道、尾喷管直径不足 60 厘米，冬天不能穿棉服，只能穿着单薄的衣服趴在金属蒙皮上，一会儿就冻得全身颤抖；夏天，里面不通风，闷得心发慌，特别是飞行训练间隙，发动机还没有完全冷却就得钻进去检测，跟“蒸桑拿”差不多。就是在这种环境下，窦树军每天要抱着沉重的检测仪器，几十次爬进爬出进气道、尾喷管，固定一个姿势，重复一个动作，常常一干就是七八个小时。一天下来，身体又酸又乏。

这期间，窦树军也想过改行。这么劳累的工作又挣不了大钱，而且自己年龄越来越大，得为自己的将来做打算了。1996 年初，窦树军找到自己的一位老领导，托他帮忙想想办法，看能不能调走，实在不行就回家。可是想调离的念头刚起来，就又被窦树军自己按了下去。部队培养一个机务人员不容易，好不容易学会点皮毛就这样走了，实在不负责。自己是个军人，还能为这点事儿压倒了？想清楚了的窦树军心里反而踏实了。从这以后，他彻底打消了改行的念头，老老实实干起了本行，钻研业务的劲头更足了，过去让人迷糊的裂纹波形也变得有趣了。他开始收集各种裂纹件样本，用各种仪器反复观察样本波形，熟悉各种裂纹的波形特征。10 多年下来，他不但熟练掌握了磁粉、涡流、超声波、渗透等先进探测技术，还相继取得了“国家航空维修无损检测协会从业证书”“成都发动机有限公司岗位合格证”等证书。

航空机务总是和故障打交道，稍有不慎，就会把危险带给飞行员。每一次看见血淋淋的事故现场，惨不忍睹的画面就会深深地印在窦树军的脑海里，消防车、救护车刺耳的警笛声，宛如战机撕心裂肺的呼救，时刻揪着他的心，让他寝食不安。这些画面警醒着他，岗位就是责任，责任重于泰山，不能让飞行员担一点风险。怀着这种信念，每次探伤，他手持探头，像绣花一样，俯卧着逐片扫描叶片。尽管已经单调重复了无数次，他仍然不敢有丝毫的疏忽大意。每次想偷偷懒、走走程序，脑子里就会浮现出那一幅幅揪心的画面。探伤师的探头，找出的不仅是裂纹，更是国家财产，是战友的生命。

2001 年的一天，窦树军对一架教练机进行探伤。在检查到发动机叶片时，探伤仪发出了嘀嘀报警声。“不好，可能有裂纹！”他顿时警觉起来。当时天气特别冷，在尾喷管里待上不到 10 分钟，就冻得两手发硬，无法继续工作。他只好爬出来，穿上棉服，绕着飞机跑几圈，哈口气，搓搓手，再抖擞精神爬进去。折腾了将近 1 小时，终于探测出叶片内部有一条细小的横向裂纹。2001 年 6 月，一次昼夜连续飞行后，他在温度高达 40℃ 的尾喷管里又检测出了发动机叶片故障。就这样，20 多年中，他先后为 9 种型号飞机，探伤 7500 多架次，探测叶片 80 多万片，没有一次人为差错，及时排除 10 余起重大故障。

飞机探伤工作就像大海捞针，连续探伤几个月都探不到裂纹的情况是家常便饭。每遇到这种情况，窦树军的心里就如同打鼓一般，脑子里总是浮现出飞行事故的画面，总担心是不是哪儿疏忽了，哪一个环节的工作没做到位。有时，他会仔细端详自己的双手，怀疑是自己的探伤手法不过硬，没有探测到裂纹，心里总是惴惴不安。直到找出下一个裂纹，紧张焦虑的心情才能有所缓解。有一年整整一年都没有发现一个叶片裂纹，心里始终七上八下，多少次在梦里喊着、叫着“我发现裂纹了”。由于长时间的精神紧张，情绪亢奋，到了夜里，窦树军只能靠服用安眠药入睡。

随着从事探伤工作的时间越来越长，窦树军对机务的理解越来越深。他深刻认识到在关系战友和飞机安危的大事上，职务有高低之别，但责任无大小之分，必须讲科学、敢负责，不能有半点含糊。2003 年 8 月，他对一架飞机进行例行探伤，发现一个叶片波形有微小差异。凭多年经验，他认为叶片内部有隐形裂纹，但教材对此没有专门说明，换用其他方法综合分析，依然不能确定。工厂专家检测后，判定正常。面对厂家结论，他强烈要求返厂检测。飞行是件非常严肃的事，无特殊原因不能更改计划。他竟然要求取消一架飞机的飞行计划，很多人替他捏了一把汗。后来，发动机返厂检修还是没有得出明确的结论，于是又专门请专家鉴定，最后证明窦树军是正确的，发动机叶片内部因疲劳使用产生了细小裂纹。

后来，单位训练强度增大，高难度课目变多飞机故障明显增多。为此，他暗自琢磨：“跟人一样，对抗强度大了，大载荷动作多了，飞机疲劳受损的概率必然会增加。能不能从探伤入手，缩短探伤周期、增加检查手段、扩大检查范围，把住事故关口？”他的想法一提出，就遭到不少人的质疑。有的说：“这么多年的规定都没人改，你算个啥？”也有人认为这样一来，工作量就会增加，因而持反对态度。后来单位充分考虑他的意见，决定加大探伤工作量，累是累了点，但是看着飞机安然落地，多吃点苦，值得。

和很多战友一样，窦树军也是揣着“选士官”“当军官”的梦想走进部队的。1999 年，他已经两次立功，但是单位几次推荐他，都因为超龄未能提干，忙着检查飞机的窦班长哪里有闲工夫难过、懊恼，他很快就调整了心态，既然当不了干部，那就要当最好的兵！

2003年，生活又给了窦树军一个新的选择，是留在部队还是回到地方？许多地方企业看中了他的技术，都要聘请他。地方企业的领导们还许诺：“只要你能来，不用培训，直接上岗，家属工作孩子上学一并解决。”说实话，这对他的诱惑太大了。他老家在农村，父亲常年吃药，母亲做过三次手术，弟弟患脑囊虫疾病。母亲做乳腺癌切除手术的时候为省几个医药费，坚决拒绝麻药。知道此事后，他难以想象母亲承受了多么大的痛苦，耳旁总是浮现母亲那撕心裂肺的叫声。如今，选择的机会来了，他却犹豫不定。妻子劝他说：“在部队你已经尽了义务和责任，选择走，也对得起部队了。”一些要好的战友知情后，纷纷劝他：“你还在部队图个啥！”他到底图什么呢，他一遍遍地问自己，回头看自己的成长道路。他突然意识到：做人不能忘本，不能翅膀没硬时奔向部队，翅膀硬了就飞离部队。最后他决定，去留服从组织，只要留他一天，就要干好24小时！

面对利益的抉择，也许有人认为窦树军傻。但他觉得，这样的“傻子”，部队需要，社会同样需要。从2001年起，他就坚持每年无偿献一次血。献血的初衷很简单，他母亲有一次动手术，需要输血，可在他们那个小县城，血库里没有需要的血型，母亲命大，闯过了“鬼门关”，但也留下了夏天都要穿毛衣毛裤的后遗症。母子连心，想起多病多灾的母亲，他的心里就十分难过。一次，他路过鞍山火车站广场，看见“急需O型血”的横幅，毫不犹豫就把胳膊伸了出去，并反复告诉医生，多抽点、多抽点。望着鲜红的血液从胳膊上抽出，他的心里十分舒坦，感觉就是在给自己的母亲输血，在给天下的母亲尽孝。8年时间，他共义务献血2400毫升。他还先后资助过三名贫困小学生，其中一个是老家的一个小女孩，父亲残疾，母亲下岗，小学三年级就辍学了。他听说之后，特别难受。他也是农村出来的，也尝过交不起学费的滋味。和妻子商量后，他每年挤出800元资助她上学，希望尽自己的微薄之力，改变这个孩子的一生。

30多年来，窦树军在平凡中走出了不平庸，在进取中干出了不一般的成绩，不甚高大的身躯里，蕴含无穷的潜力。他让普通人看到了军人的价值所系、追求所在，明白了小人物也可以干出大成绩，小岗位也可以作出大贡献。所有这些，都为军人走好军旅人生路，拓展了理解的空间，提供了有益的启示。

窦树军是一个有追求的人。他朴素而坚定，踏实而苦干，勇敢而聪明。他用自己的不懈努力，做到了别人难以做到的事情，创造了别人难以创造的成绩，书写了值得骄傲的壮丽青春。追求源于忠诚，作为一名士兵，窦树军从事的是飞机探伤工作，心系的是国防和军队建设。正因为对党和人民事业的无比忠诚，时刻不忘责任使命，他才能刻苦学习、勤奋工作、不断创新，取得突出成果。

第四章　刻苦钻研，积极进取

航空机务工作是一项高技术活动，具有知识密集、技术性强、实践性强的工作特点。机务人员往往要在维护现场及时处理各种技术问题，确保飞行安全。机务工作的特点要求机务从业人员必须具有扎实的专业理论知识、精湛的维修技术和熟练的实际操作能力。要达成这样的要求，就必须发扬机务人员刻苦钻研、积极进取的精神，提高知识更新的能力，不断精进机务维修保障能力。

一、精湛过硬的技术具有丰富的内涵

党的二十大报告指出，必须坚持科技是第一生产力、人才是第一资源、创新是第一动力，深入实施科教兴国战略、人才强国战略、创新驱动发展战略，开辟发展新领域新赛道，不断塑造发展新动能新优势。千秋基业，人才为先。航空机务工作的高技术性特点要求航空机务人员应具备能保障飞行安全的过硬本领。精湛的业务技术对机务人员而言，主要包括扎实的基础知识、精深的专业知识和熟练的操作技能。

（一）扎实的基础知识

“万丈高楼平地起”，要想成为一名具有精湛专业技术的机务人员，扎实的基础知识是基本前提。知识体系的建立是一点一滴积累的过程，航空机务保障维护知识是物理学、数学、化学、管理学等多门类科学知识的综合体，不同学科之间的联系非常紧密，学习过程具有循序渐进的规律，因此每一类知识的学习都是不可逾越的一个阶段。如果基础知识不扎实，整个知识结构的基础就会不牢固，这将导致缺乏精通本专业的能力和素养，更缺乏进一步可持续发展的潜力。海军航空工程学院教授段成美，早年上大学学的是数学专业，后来成为国内外知名的飞机定寿延寿专家，他经常说，深厚的数学功底是他后来事业发展良好的关键因素，有的机务人员对平时的业务学习不热心，认为都是老生常谈的东西，学了没有用，有的甚至采取逃避的态度，这是很不应该的。

（二）精深的专业知识

专业知识在航空机务人员的知识结构中处于核心地位，但是只具有基本的专业知识很难胜任不断发展变化的机务工作，必须达到“精深”的程度。所谓“精深”，除了具有较扎实的基础知识外，还应有系统的、深入的、扎实的专业理论知识，对本专业的发展和相关辅助知识有一定的了解，并掌握本专业的前沿知识，对新理论、新技术、新装备的知识力争了解得更多更全面。专业知识是每个人在自己岗位上的看家本领，不达到精深的程度就不能认为合格，夏北浩同志是这方面的典范。他是广东人，从小没有接触过普通话，文化程度不高，为了能够更快适应机械维修工作，他利用所有闲暇时间学习专业，在一年时间里从一个连普通话都听不懂的放羊娃，逆袭成了 9 门学科全优的“学霸”，后来更是不断学习，注意积累，创造性地提出了军内外闻名的“夏北浩检查法”。

（三）熟练的操作技能

科技含量再高、技术性能再好的机器，如果使用者没有熟练的操作技能，必定不能实现机器的预期效用。飞机是社会科技的结晶，要保障好它，机务人员必须具备熟练的操作技能。熟练的操作技能要求在有充分的知识储备的基础上，对航空技术维修方面的操作能力要求达到“熟练”水平，即维护质量要高、维护速度要快。维护质量高表现在检查能发现问题，操作要准确无误，保养要恰到好处，校验应精良准确；维护速度快表现在能够根据要求及时迅速地完成维护任务。

二、精湛的业务技术是机务人员必须具备的职业品质

（一）精湛的业务技术是机务职业性质与使命的需要

任何一种职业都有其自身的业务要求，只是业务的内容、深度、难易程度不同。

航空技术装备具有强综合性、高复杂性的特点。早在1930年，一架国民党“柯塞”式飞机执行通信任务后的返航途中，在河南省信阳市宣化店镇因迷航迫降，飞机被缴获，飞行员经过教育愿意参加革命，后来在当地的一名铜匠、一名锁匠、一名钟表匠的帮助下，飞机被修复升空，这就是“列宁”号的来源。那时候飞机机械化程度不高，结构简单，容易维修，因此几名不专业的匠人就可以将飞机保障上天。然而今天，航空维修不再是初代飞机时的“擦擦、洗洗、修修、补补”，没有精湛专业的维修技术，不可能完成保障任务。

无论在国内外、还是军内外，航空机务已被公认为是一门综合性的工程技术科学。这门科学具有从基础理论到专业理论和应用技术的体系，航空机务形成了多专业、多层次的系统，形成了一线维修、工厂修理、订货供应、科学研究、教育训练、人员与经费管理等多环节的业务运行系统。航空维修的理论性、技术性、实践性与系统性决定了航空机务人员所必需的知识结构、专业技能与管理素养，它不是由人们的主观愿望决定的，而是由职业性质引申出来的。

航空维修的实践证明：机务人员的业务素质直接关联着维修的质量、效率与经济性，影响着飞行任务的完成情况，维系着空中与地面的安全。机务人员的业务素质问题，是能否忠实履行自己职责的问题，也是对航空机务人员的责任心与进取心的实际检验。

（二）精湛的业务技术是航空维修现代化的需要

航空维修并不是消极地适应航空技术装备的发展，而是有着巨大的能动作用。航空维修这一环解决好了，就可以使装备具有的可靠性和技术性能得到充分发挥，从而有效地提高航空兵部队的战斗力和民航飞机的经济效益。20世纪60年代以前，我国的航空处在“万国牌”时代，飞机来源主要靠修补旧飞机、进口外国飞机，保障装备设备也是来源复杂，机务维修总是照搬外国经验，国家甚至曾一度专门培养外语机务人员，就是为了看懂外文说明书。如今我们国家实业生产早已步入世界前列，“中国制造”意味着高品质、低成本。航空航天设备生产走出了中国特色的道路，相应的航空维修技术也必须与飞机、维修设备并进，中国化、现代化的航空机务维修正在路上。机务维修离不开人才，人才素质高低决定了维修水平能否提高。一支宏大的、忠于职守、具有精湛业务技术的机务人员队伍有着特别重要的意义。

（三）精湛的业务技术是新时代关于人的全面发展的要求

随着社会的进步，人才的标准不断提高，从过去识字就是有文化，到读书才能成“秀才”、会某项技术的技术人才，再到今天全面复合型人才，人才储备与人才竞争每天都在上演，“人无我有，人有我精”才是现代人才观的基本理念。环境塑造人，环境改变人，这就要求每名社会成员必须有自己的看家本领，有自己独到的一技之长，方可立足于社会和时代。航空科技领域处在世界科技革命的前沿，对现代科技发展的反应也最灵敏，许多现代科技的最新成果，越来越广泛地运用于航空。飞机上的设备越来越复杂和精密，航空维修的现代化时不我待，航空机务人员具有精湛的业务技术，这是一种时代的使命、历史的责任。每个从事机务工作的同志都应有这种时代感、责任感与紧迫感。

钻研业务技术体现了我们所处的时代关于人的全面发展的要求。如果从人的个体的历史发展来考察，社会主义将是人的发展的新阶段，即全面发展的阶段。马克思和恩格斯在考察资本主义大工业的发展带来劳动力在一定程度上的流动时曾指出，有可能造就一些“能通晓整个生产系统的人”，并预言在未来的社会里，生产劳动有可能给每个人“提供全面发展和表现自己全部的（即体力的和脑力的）能力的机会”。现代科学技术的发展和社会主义制度的建立，展示了这种可能性。航空机务维修既是一门工程技术科学，又是一种实践技术；既是体力劳动，又是复杂的脑力劳动；既是一个技术过程，又是一个管理过程。航空机务维修在诸种知识、技能之间的相互渗透与迁移，给我们的机务人员提供了发展自己体力与智力的各种机会，使他们有着广阔的领域来发挥自己的聪明才智。机会留给有准备的人，钻研技术、积极进取才会让广大机务人员掌握先机，赢得未来。

三、努力钻研，精益求精

努力钻研，精益求精是航空机务人员的优良传统，在航空机务历史上，很多先贤前辈用先进的事迹向我们展示了他们的经验做法。

（一）立足本职，面向未来

航空机务总是随着航空事业发展而发展，两者之间存在包含与被包含的关系。在进入新时代后，航空领域发展迅猛，国产飞机、自主研发的发动机、不断更新的保障设备与手段繁星般照耀于世。机务工作迎来了新的机遇与挑战，机务人员必须精进技术，钻研探索。

航空机务人员提高自身技术水平的渠道很多，但主要的还是加强在职学习。“立足本职，面向未来”是在职学习的目的，就是说，我们的学习要紧紧围绕着现职的需要和职业未来发展的需要。学习是一个掌握知识、增长才干的过程。不管人们主观意愿如何，人的才干总是从属于社会，为社会服务，并同社会需要相联系，绝不是孤立的个人行为。

马克思说：“科学绝不是一种自私自利的享乐。凡是有幸能够致力于科学研究的人，首先应该拿自己的学识为人类服务。”本职工作是我们为人民服务的岗位，是社会分工赋予我们的义不容辞的责任。所以学习业务技术，理所当然地要立足于本职工作的现在与将来的需要，并以此作为个人学习的出发点和落脚点。

“立足本职，面向未来”作为一种方法，就是要把钻研业务同自己的职业实践结合起来，走自学为主、学用结合、自学成才之路。这条成才之路，把社会的需要与个人自我发展的需要统一起来，把学与用结合起来，这有利于发挥职业优势，扬长避短，取得成功。结合本职业务来学习至少有这些方面的优势：一是目的、动机上的优势，因此也带来了个人时间与精力分配上的优势；二是个人已有的专业知识与技能方面的优势；三是实践条件的优势，“实践出真知”，学了不用，等于白学；四是职业环境的优势，包括资料、技术条件、切磋气氛、领导和周围同志的支持等。因此从总体来看，结合本职工作学习是符合人才学所说的“扬长成才规律”的。

“立足本职”与“面向未来”是辩证的统一。不立足本职就要脱离实际，容易走偏方向，“学问再多，方向不对，等于无用”。不面向未来，视野不开阔，胸怀不远大，就会缺乏时代感与紧迫感，也容易使人失去前进的方向与钻研的动力。“立足本职，面向未来”，会不会把自己的知识面限制得很窄呢？当然不会，且不论“立足本职”需要专业广博的知识，“面向未来”更是一个广阔的领域。

“专”与“博”也是辩证的统一。没有广博的知识，“专”会遇到困难；而真正“专”了，往往会得到触类旁通之效，又为进一步拓宽自己的知识面创造了条件。

（二）刻苦钻研，勤学苦练

知识在于积累，学识在于钻研，技能在于多练，天才出自勤奋。古人云，“业精于勤，荒于嬉”“书山有路勤为径，学海无涯苦作舟”，都讲的是要勤奋。人才学并不否认个人天赋在成才中的作用，然而起决定作用的是勤奋。近代文学巨匠，伟大的思想家、革命家鲁迅，被人称赞为天才。他说：“哪里有天才，我是把别人喝咖啡的工夫都用在工作上的。”美国《洛杉矶时报》报道，有个研究小组曾对美国120名最有成就的艺术家、运动员和学者进行了为期5年的调查研究，他们本来预料“会发现伟大的天才的故事”，但是调查的结果表明：根本没有发现天生的伟大天才，这些人的母亲通常说，他们其他孩子的天分倒比这些人高。

勤奋坚韧还在于“志”。古人云，“非学无以广才，非志无以成学”，这是颇有见地的。在职学习条件是差一些，诸如时间紧、工作累、基础差等，“脑子笨”也可能使人缺乏自信心。然而，这些对于有志学者并非是不可逾越的障碍，空军最佳机务工作者、仪表员严青春由于种种原因失去了4次考军校的机会，但他并没有气馁，立志上“墙外大学”，走自学成才的道路。经过刻苦努力，他自修完成了本专业的大专课程，成为一名理论基础扎实、技术娴熟、工作成绩突出、有过硬本领的专业技术人才，被空军授予“朱伯儒式的战士”称号。可见，困难、挫折与不利，是可以转化的。它既可以使人气馁，也可以催人奋进，关键在于“志”。

刻苦钻研，精益求精，还要从谦逊开始。要想在业务技术上成为真正的强者就必须“精益求精”永不止步。正像对真理的探求一样，它永无终点，来不得半点骄傲，相反倒需要谦虚、求实、进取的态度。俗话说，“学而后知不足”，我们的骄傲多半是基于我们的无知。科学家牛顿在数学、光学和力学等许多领域都作出了卓越的贡献，是近代科学的象征。但他临终前曾说："我不知世人怎样看我，但在我自己看来，我只是像一个在沙滩上玩耍的孩子，一会儿找到一颗特别光滑的卵石，一会儿发现一只非常美丽的贝壳，但真理的大海，我还未发现。"正是他这种虚怀若谷的精神，推动着他在科学的道路上不断攀登。学识渊博的爱因斯坦把自己学到的知识比作一个圆圈，而圆圈之外的空白，则意味着自己的无知。他认为"圆圈越大，它的圆周也就越长，它与外界空白的接触面也就越大"。伟大的科学家们尚且如此，在征服航空维修这条困难重重的征途上，航空机务人员更应虚怀若谷，以海纳百川的心态拥抱更多更新的知识和技能。

（三）积极参加维修实践，改革创新

实践是学习的目的，又是学习的归宿。我们学习业务，目的还在于指导维修实践，并且在实践中改革创新。改革创新是当今时代精神的体现，当然也应当是我们航空机务人员精湛业务技术最好的验证和最佳的归宿。

一般来说，培养一名成熟的航空机务人员，除了打下坚实的理论基础，还需要经历由理论到实践，由实践到经验，再从经验回到理论的反复过程。就像培养一名学生一样，先要讲清楚理论要点，让学生学明白，再让学生实践验证理论，在实践的过程中逐渐形成自己的经验，而这种经验再次回到理论时，就实现了创新。因此，民航和空军机务系统，都非常重视人才培养过程，为机务人员提供一切实践条件，在实践中又不断解决问题、凝练经验、验证理论，并创新维修技术。

从这个过程看，创新并没有想象得那么神秘和艰难，总是由小及大，随着知识经验的积累，而有所突破。勿以其小而不为，也勿以其大而畏之。从实际出发，在客观可能性的基础上，充分发挥自身的主观能动性。东北老航校时期，老航校人没有足够的汽油，机务人员就尝试改变飞机，让飞机"喝着酒精上蓝天"；新中国成立后，"万国牌"飞机没有足够的零备件，串件使用就成了创举；抗美援朝的战场上，没有副油箱的米格-15飞机无法远航，机务人员就用生铁皮打出副油箱让飞机参加战斗。这些事迹都是机务人员的改革创新。到了现在，机务人员又总能根据自己的维修实践经验创造出更加趁手的工具，更加简单有效的维修方法。可见只要结合工作实践，刻苦钻研，勇于开拓，把革命精神与科学态度结合起来，改革创新是可以做得到的，正所谓“世上无难事，只要肯登攀”。

四、文化链接

（一）“夏北浩检查法”和夏北浩精神

在20世纪60年代前期全国学习雷锋、全军推广郭兴福教学法开展大练兵的历史环境中，空军航空机务系统涌现出许多先进典型，机械师夏北浩就是其中一位杰出的代表。夏北浩在实践中总结出一套集先进思想、优良作风、科学方法和娴熟技术为一体的检查维护飞机的方法，由领导机关命名为“夏北浩检查法”。空军通过召开现场会、颁发文件、报刊宣传等方式，在空军航空机务系统中掀起了学习夏北浩、推广“夏北浩检查法”的热潮。夏北浩成为空军航空机务战线的一面旗帜，他的名字不但与空军航空维修实践活动联系在一起，而且同优良维护作风的养成、同一代又一代机务人员优良品德的培育联系在一起。学习“夏北浩检查法”的活动几十年来绵延不断，历久弥新。

（二）“夏北浩检查法”的产生

夏北浩1938年4月出生在广东省新会县一个贫苦农民家庭。1957年入伍，1960年9月入党，曾当选为中国共产党第九次、第十次全国代表大会代表，多次受到毛泽东、周恩来等党和国家领导人的接见，被授予“机械师尖兵”“雷锋式干部”荣誉称号，先后荣立二等功1次，三等功5次。

1958年6月，夏北浩从航空学校毕业分配到某单位。他带着朴素的阶级感情，胸怀革命理想，一心扑在飞机上，精心细致地检查维护飞机，以对战斗胜利负责、对战友安全负责、对国家财产负责的精神做好每一项工作。他一丝不苟地认真执行条例、规程，做到了在工作前想上级的规定和要求，在工作中想方法和步骤，在工作后想有没有遗漏；在检查飞机时带着“敌情”（夏北浩把故障视为保证飞行安全的“敌人”），不麻痹轻“敌”，全神贯注，做到了该看的看到、该摸的摸到、该听的听到、该嗅的嗅到，而且不论领导在不在场，冷天、热天还是一般气候条件，飞行结束晚还是早，飞机有没有故障，都一样认真。他刻苦钻研业务，如饥似渴地学习老同志的维护经验，抓紧时间背诵条例、规程和各种规章制度，悉心探索、检查维护飞机的规律。为了摸索检查飞机既不遗漏检查内容又迅速准确的方法，他把规程规定的检查内容按科学的顺序重新调整组合，根据规程规定的大检查路线摸索出了每个部位的小检查路线，把所有要检查的机件、导管、螺钉、螺帽等全串在一条线路上，而且对在检查中需要动手操作的内容也安排了合理的操作程序，沿着这样的路线和程序检查飞机，就不会遗漏检查内容，能达到又好又快的目的。他注意每个机件的变化，特别是那些容易出问题的机件的变化，哪个螺帽是什么形状，哪个调整螺杆剩下几扣螺纹，哪些地方容易松、容易裂、容易磨、容易漏油漏气等，都记得很清楚。他对所维护的飞机十分了解、十分爱护，做到了对应该掌握的情况了如指掌，并精心细致地做好飞机的基本维护工作，控制各种不利因素对飞机正常工作的影响。他善于通过观察机件的特征、性能和参数的变化，掌握渐变规律，发现内部变化的预兆，预防将要发生的问题，防止突变。在担任机械员期间，他因工作成绩突出荣立三等功 3 次，二等功 1 次。他先后维护过 12 架飞机，从未因维护不周而影响飞行。在担任机械师的 3 年间，全机组消灭了丢、错、漏、损现象，被同志们称为“过得硬的机组”。

夏北浩维护飞机表现突出的事迹引起了单位各级领导的高度关注。大家发现夏北浩不但思想好、作风好，而且检查飞机很有条理，很有秩序，方法也很好，就帮助他总结整理，按飞机的结构把飞机分为机身前部、右机翼、机身后部、左机翼、左发动机舱、右发动机舱、座舱 7 个部位，制定出 7 个部位的检查小路线，按照飞机维护规程规定的内容把所有需要检查的机件都串在路线上。发动机舱内空间小、系统复杂、机件交叉重叠，在检查时容易造成机件论堆看、一看一大片，有问题难以发现的情况。通过制定反“巨”字形的小路线，检查起来就如同顺藤摸瓜，一个不漏，同时，又根据每个机件的构造特点来安排检查程序，从而达到了检查飞机路线化、操作程序化，既保证了条例、规程内容条条落实不漏项，又能及时发现问题，省时省力，紧张而有秩序。为了进一步丰富夏北浩检查飞机的经验，1963 年，单位将夏北浩和善于做思想及管理工作的机械师刘文华调到一起，让他们两人同工作同研究，互展所长、互相学习、共同提高。后又从其他中队抽调了5名“尖子”机械师与夏北浩一起互相观摩、交流，最后形成了以“三个负责、三想、四到、四个一样”为内容的“夏北浩检查法”，后被全面归纳为“三个负责、三想、四到、四个一样、两化、三要”。

三个负责：对战斗胜利负责，对战友安全负责，对国家财产负责。

三想：工作前想上级的规定和要求，工作中想方法和步骤，工作后想有没有遗漏。

四到：检查飞机该看的看到，该摸的摸到，该听的听到，该嗅的嗅到。

四个一样：检查飞机时领导不在场和在场一样认真，冷天、热天和一般气候条件一样认真，飞行结束晚和结束早一样认真，飞机没有故障和有故障一样认真。

两化：检查飞机路线化，操作程序化。

三要：要积累经验摸规律，掌握渐变防突变；要做好经常性的维护保养工作；要对飞机了如指掌。

（三）“夏北浩检查法”的推广

1964年3月，原沈阳军区空军在鞍山召开了现场会，将夏北浩集先进思想、优良作风、科学方法和娴熟技术为一体的检查维护飞机的方法定名为“夏北浩检查法”，同时在原沈阳军区空军范围内普遍推广。同年7月，上级机关召开推广“夏北浩检查法”现场会。会议确定：将夏北浩的先进事迹印成小册子发给机务人员学习；请夏北浩到机务部队作报告；通过主流媒体宣传“夏北浩检查法”；在航校培养机务人员的教材中增加“夏北浩检查法”的内容。1964年9月，多家报纸专门报道了“夏北浩检查法”，1964年9月7日，空军开展“学习‘夏北浩检查法’”活动，认为“夏北浩检查法”是一个多快好省的检查维护飞机的方法，广大机务人员应该认真学习“夏北浩检查法”，把机务维护工作提高到一个新水平。1964年9月29日，授予夏北浩“机械师尖兵”荣誉称号。广大机务人员积极响应空军党委号召，迅速地掀起了学习夏北浩先进事迹、推广“夏北浩检查法”的热潮。各单位大张旗鼓地宣扬了夏北浩的先进事迹，联系所维护机种和专业工作实际，制定分部位的飞机检查路线、明确操作程序，培养夏北浩式的教练员，组织背诵检查内容、技术数据，带教检查路线、程序和考核发现故障能力，树立“样板机”，开展评选夏北浩式的优秀机务工作者的活动，使夏北浩的先进事迹传遍北国南疆、内地边陲的每一个机场，明显地促进了飞机维修质量的提高。

在学习和推广“夏北浩检查法”的活动中，广大机务人员总结了许多经验，创造了许多新方法。某单位创造了“电阻测量法”，并先后到兄弟单位巡回演示90场次，学习和参观者近3万人。“电阻测量法”是学习“夏北浩检查法”的创新，对及时预防和迅速判断飞机特种设备故障发挥了重要作用。

1965年10月，在沈阳召开进一步推广“夏北浩检查法”座谈会。会议分析了推广、普及“夏北浩检查法”的情况，交流了经验，统一了思想，研究制定了进一步推广、普及的措施。

（四）夏北浩精神

作为20世纪60年代初期全国学雷锋和全军大练兵热潮中涌现出来的先进典型，夏北浩一心扑在机务工作上，极端负责、一丝不苟，努力钻研、精益求精。在担任机械员、机械师期间，先后维护过12架飞机，从未因维护责任影响过飞行，从未发生过错、忘、漏等作业差错，飞机月月被评为“四无”；担任机务领导干部以后，身不离机场、心不离飞机、手不离工具，以身作则，言传身教。20余年在机务一线的默默付出，他虚心学习、潜心探索、认真实践、吸取群众的经验智慧并总结创造出一套行之有效的工作方法，形成“夏北浩检查法”。

“三负责”精神是夏北浩检查法的核心内容。在夏北浩的日记中，记着这样一段话：“党把价值昂贵的飞机交给我维护，这是对我的最大信任，我绝不能辜负党的期望，一定要以认真负责、踏踏实实的态度，对战斗胜利负责，对战友安全负责，对国家财产负责。”这简单的三句话蕴含着丰富的内涵，集中体现了“三负责”精神，是机务人员先进思想、敬业精神和职业道德的凝结和升华。

1. 对战斗胜利负责

“游游逛逛学不到技术，舒舒服服掌握不了本领，只有勤学苦练，才能学到技术和掌握维护飞机的本领。”

夏北浩出身穷苦人家，在新中国成立前，他的祖父、父亲和两个姐姐都相继饿死，哥哥为躲壮丁逃去外乡做工，夏北浩8岁就在田地里干农活。他亲眼见过日军侵华时的暴行，也亲眼看到人民解放军保家卫国的壮举，年幼的他下定决心，要像人民解放军那样保护中国的老百姓。

19岁时，夏北浩终于如愿参军，成为一名解放军战士，随后被送到航空学校学习。一个过去没有钱上学的穷孩子，加之又听不懂普通话，在学习航空知识时困难重重。但是，这是党交给的学习任务，一定要完成。他上课时精力集中，下课后虚心地请同志们当老师和“翻译”，晚上躺在床上还要将当天的学习内容过“电影”一样在脑海中复习一遍。航空学校地处成都，著名的杜甫草堂就在学校附近，可是夏北浩从没去过一次，他把有限的时间全部放在学习航空知识上，最终以9门功课都取得5分的优异成绩，出色地完成了学习任务。

从航空学校毕业后，夏北浩被分到某机务大队，眼望着战机，他对自己说：“过去在家当农民时，撒一粒米还要受到大人的责备，现在党和人民把这样珍贵的飞机交给我，更是一点马虎不得。从今天起，我的每一件工作都关系到战斗的胜利、战友的安全、国家的财产，这样的岗位是多么重要和光荣。”从此，他爱上了飞机，爱上了机务工作，决心在这个岗位上贡献自己的全部力量。

从事机务工作近30年，夏北浩同志练就了一身维护飞机的过硬本领。有一次单位组织技术尖子进行拆装刹车片的比赛，他前去观看。比赛结束，第一名的时间是1分50秒，当时大队长问大家：“谁能超过这个纪录？”同志们把夏北浩推上场，结果，他仅用了1分20秒就拆装完毕。一次他帮助飞行员开车，有一台发动机第一次起动未成功。他想，开车不能一次成功，平时误时间，战时误战机，一定要练好。从此，他有时间就练习手操纵起动，再没有发生起动不起来的问题。

2. 对战友安全负责

“飞行人员把性命托付给我，我必须保证飞机不出差错。”

机务人员和飞行人员一起构成空军战斗力的主体，在长期的并肩战斗中，空勤和地勤早已结下了深厚的工作友谊，甚至用性命相托来形容也不为过。

夏北浩常说：“飞行人员是把一半生命交给祖国，一半生命托付给机务战士。机务人员极端负责、一丝不苟，保证不发生任何差错，不留任何事故隐患，才能使飞行员放心地翱翔在蓝天，保卫国家。”有一次，夏北浩帮助机组工作。他上飞机后又摸又嗅，忽然发现一根导管有点渗油，就向机械师作了报告，机械师上来一检查，发现导管是好的，就对夏北浩说：可能是空气里的水汽凝聚在导管上了，擦干就行了。可是夏北浩心想："飞机渗油可不是小事情，这关系到飞行员的生命和国家的财产安全。"他打开油泵做实验，再摸再嗅，最后确定不是水而是油。那么是什么原因导致渗油的呢？夏北浩反复检查，终于发现渗油是因为卡子松动造成的，紧了紧后就不再渗油了。有人向他取经，他解释道："飞机上的机件千千万万，瞟一眼看一片是发现不了问题的。检查每个机件，都要上上下下，里里外外看到、听到、摸到、嗅到，只有这样才能保证飞行员安全地开着飞机执行任务。"

在机务战线奋斗20余年的夏北浩，就是这样用自己的行为践行着对党和人民的誓言，用一生兢兢业业、极端负责的付出保障了飞机的安全、战友的安全，也启迪着每一代机务传人发扬极端负责、一丝不苟的维护精神，与飞行人员一道筑起祖国蓝天牢固的钢铁长城。

3. 对国家财产负责

"一架飞机价值几十万元（当时价格），它是几千几万人辛勤劳动的结晶，是祖国人民宝贵的财产，阶级兄弟就是靠它去执行保卫祖国的战斗任务，飞机上有几十万个零件，我们工作中任何一点粗心大意，就会给党和人民造成巨大的损失。"

飞机是遂行空战任务的兵器，集当代科学技术于一体，技术复杂、价格昂贵。一架飞机价值几千万甚至几个亿，相当于一个中型企业的固定资产。而机务工作在训练、作战飞行安全中起着半边天的作用，能否维护好一架飞机，决定了是对国家重大财产的保护还是浪费。不仅如此，在空中飞行的飞机是一个准单次系统，一旦发生故障，容易导致飞行事故，甚至无可挽回。为此，航空机务人员必须保证自己维护的飞机在空中使用时绝对安全可靠。

1960年冬季的一天，夏北浩正在帮助26号机组检查压缩机叶片，可是怎么也找不到问题所在，只好钻飞机进气道。零下19℃的天气，他脱下皮工作服，蜷缩着钻进狭小的进气道内，打着手电仔细摸索、认真检查着压缩机叶片。为了对比其他飞机，夏北浩穿着单薄的衣衫穿梭于两架飞机的进气道，身体冻僵就绕着飞机跑几圈，身体暖和一些就再钻进进气道，反复对比，当查出问题时，夏北浩早已冻得没了知觉。而这种工作场景对于夏北浩来说是家常便饭。他给自己定了 6 个不受影响：夜间工作不受影响；晚上有节目、电影，收班晚不受影响；星期六下午不受影响；飞行员没有反映不受影响；起落得多或少不受影响；快要做或刚做完定检工作检查飞机不受影响。在检查飞机时，冬季不管天有多冷，风有多大，从不放下帽耳，应当用手摸到的就脱下手套，胳膊伸不进去，就脱掉皮工作服。为了仔细倾听刹车梅花螺帽处有无漏气，“三九天”也把皮工作帽摘掉，夏季气温再高，他也坚持在飞行后进入喷管检查涡轮。

“三个负责”精神语言很朴实，没有华丽的辞藻和复杂的格式，但却是对夏北浩同志和一代代优秀机务人员在长期机务工作中彰显出来的思想、作风、操守、追求的总结概括，是伴随着“夏北浩检查法”的形成而逐步完善的，无论时代如何更迭、形势如何变化，夏北浩精神永远是航空机务事业的动力源泉。

第五章 纪律严明，行为规范

古人云：“预知平直，则必准绳；预知方圆，则必规矩。”毛泽东同志说，路线是“王道”，纪律是“霸道”，这两者都不可少。严格的规章制度、严明的纪律要求、规范的行为标准，是航空机务的优良传统之一。

一、严明的纪律

航空机务是一项科技含量高、系统影响大的工作，它至关重要又琐碎细致，严明的纪律规范着航空机务人员的行为，使机务工作变得有条不紊，井然有序。

（一）纪律的内容和特点

所谓“纪律”，是指人们在社会组织中共同遵守且已确定的行为准则，它包括执行命令、确立秩序和履行自己的职责等。纪律具有以下基本特点。

（1）纪律具有社会规范性。纪律首先是为维护正常的社会秩序、工作秩序而确定的行为准则，或者说，就是一种社会规范。它既明确规定人们的行为方式，应当做什么，不应当做什么，以及应该怎样做和不应该怎样做；又明确规定行为后果，即人们的行为在符合行为模式时的肯定性的后果（保护等），以及违反行为模式时的否定性后果（处罚等）。可见，没有规范性、约束性也就没有纪律。

纪律的社会规范性反映了纪律在社会生活中的普遍性，凡是有人群的地方，就要有规范、有约束，也就要有纪律。纪律的这种社会规范性是由人们的社会生活实践的需要决定的。众所周知，每个人都生活在社会群体中，每时每刻都要与他人、社会发生联系，与世隔绝的、孤立的“自我”是不存在的。人们为了有效地进行生产、工作、学习、生活，以及进行其他社会活动，就要结成一定的社会关系与社会组织，并协调他们之间的相互关系和行为活动，这就需要有纪律约束。纪律的社会功能就是一定社会组织用以指导、约束和调节人们的相互关系与行为活动的。由于各种社会组织的社会性质、职能与活动方式各不相同，因而作为维护社会秩序的纪律也表现出多样性和广泛性。例如，党有党纪，政有政纪，军有军纪，各行各业都有自己的纪律。总之，人类社会只有建立严格的纪律，才能保证人们有良好的生活、学习和工作秩序，不然，社会生活就会陷入混乱，人们的一切正常活动都将无法进行。所以说，纪律具有社会性。

（2）纪律具有阶级性。纪律的阶级性是指在阶级社会里，纪律在总体上是维护一定阶级的利益和意志的。因为在阶级社会中，社会秩序是一定社会阶级关系的反映，是社会上占统治地位的阶级的利益、权力和意志的体现。因此，维护社会秩序的纪律在主导方面不能不打上阶级的烙印。例如，在剥削阶级占统治地位的社会中，纪律是直接为奴隶主、封建地主和资本家利益服务的。在人民当家作主的社会主义国家里，纪律是为无产阶级和劳动人民利益服务的。由于无产阶级与其他劳动群众的根本利益是一致的，因而无产阶级纪律的阶级性与人民性是一致的。纪律的阶级性反映了阶级社会中纪律的社会属性的本质。因此，我们不但要了解纪律的一般共性，还要注意无产阶级纪律与剥削阶级纪律、社会主义纪律与资本主义纪律的本质的区别。从这里出发，才能建立起我们对纪律的正确态度。

（3）纪律具有历史性。纪律的历史性是指纪律随着人类社会的进步和人们社会实践的发展而发展。在原始社会里，人们的实践活动范围很狭小，分工也很简单，因而习俗作为原始形态的社会规范也比较简单。随着社会的进步，生产的社会化程度愈高，分工愈明确，协作愈广泛，纪律的内容、地位与作用也相应地得到发展，严格的纪律也就越显得重要。可见，纪律是历史的产物，是人类文明进步的一个重要标志。

（4）纪律具有一定的强制性。任何纪律都是以一定的权威和服从为前提的，因而带有强制性和约束力。纪律的强制性要求执行纪律必须严格，对那些不遵守纪律甚至是违反纪律的行为，要敢于批评，甚至处分，只有这样才能维护纪律的严肃性和有效性。不然，有令不行，有禁不止，各行其是，松松垮垮，纪律就会失去其应有的作用。

（二）航空机务职业纪律的内容

航空机务职业纪律是国家纪律的重要组成部分，是航空机务工作者在进行职业活动过程中必须遵循的行为准则。

航空机务职业纪律主要指航空机务法规，这是用来规范航空机务系统各种关系和活动的法规性文件的统称。它反映了航空维修的技术工作与管理工作的本质、特点和规律，是航空工程机务人员进行工作的法规，是机务人员从事维修活动的依据。

军用航空机务由于其性质特殊，要求更加严格的规章制度和更加严明的纪律要求，因此，空军航空机务系统十分注重制度系统的建设，从 1950 年开始逐步完善，形成了包括人员管理、行业法规两个系统与基本法规、主要管理规章和技术规章、具体工作制度和规定三个层次在内的制度系统。

民用航空机务也不断发展法规建设，对机务工作规范、人员管理要求、机务工作流程、管理等各方面事务进行了详细的制度规定。

二、航空机务人员必须有严明的纪律

航空机务职业纪律的严格性与自觉性，要求机务从业人员有较高的纪律素养，即不但有高度的法纪观念，而且要具备一定的法纪知识和强烈的法纪情感，真正使遵纪守法成为一种自觉的行动。作为一名航空机务工作人员要建立初步的纪律观念也许并不难，但要具备高度的纪律素养却绝非易事。为此，必须进一步提高航空机务人员对纪律建设的认识，增强时代感、责任感与迫切感。

（一）严明的纪律是我国的优良传统

军纪如山，我国历来注重严明的纪律。为树立制度的权威性，秦国在改革时，商鞅曾徙木立信。古今中外的军事家，都强调军队要纪律严明、训练有素。

如三国时期著名军事家诸葛亮在《整师》一文中写道："若赏罚不明，法令不信，金之不止，鼓之不进，虽有百万之师，无益于用。"意思是说，该奖的不奖，当罚的不罚，纪律松弛，上下涣散，打起仗来进退不听指挥，这样的军队再多也是没有用处的。宋代民族英雄岳飞的军队，有一条军令叫作："冻死不拆屋，饿死不掳掠，夜宿不入宅，晨起苇草不乱。"所以岳家军特别能战斗，获得了"撼山易，撼岳家军难"的声威。资产阶级军事家拿破仑通过德国兵与马木留克兵之间的对比，形象地说明严明的纪律会产生一种新的、更强大的战斗力。第二次世界大战期间，美国陆军第二军刚开始由于纪律松弛，作风涣散，士气低落，犹如一群乌合之众，所以屡吃败仗，损失惨重，巴顿将军接管该军后，从整顿纪律入手，严格各种制度，对违反战场纪律的人员一律严肃处理，从而提高了士气，振奋了军威，接连打了几次大胜仗，成为当时很有战斗力的部队。大量事实说明，纪律对军队来讲是多么的重要。我军从创建之日起，老一辈无产阶级革命家就非常重视人民军队的纪律建设。例如，南昌起义部队攻克广东汕头以后，贺龙总指挥为了重整军纪和安定民心，专门出示了纪律布告，全文是："照得本部各军，富于革命精神。此次南昌起义，原为救国救民，转战千里来粤，只求主义实行，对于民众团体，保护十分严谨。对于商界同胞，买卖尤属公平。士兵如有骚扰，准其捆送来营。本军纪律森严，重惩决不姑徇。务望各安生业，特此郑重申明。"秋收起义部队上井冈山途中，毛泽东主席就宣布了"行动听指挥""不拿群众一个红薯""打土豪要归公"的三项纪律，后来又为红军规定了"上门板、捆铺草、说话和气、买卖公平、借东西要还、损坏东西要赔"的六项注意，之后发展成为著名的"三大纪律，八项注意"。这些看起来似乎是"小事"，然而人民群众往往就是从这种严明的纪律中来判断我军的性质、理解党的主张、接受革命道理的，从而使我军成为受到人民群众拥护的、战无不胜的军队。在长期的革命战争中，逐步形成起来的我军自觉的、严格的纪律，是我军战胜国内外强大敌人的重要因素。正如毛泽东主席所说："这个军队之所以有力，是因为所有参加这个军队的人，都具有自觉的纪律。"朱德同志说："纪律是军人的生命。"这些言简意赅的格言，都反映了从严治军的真理。习近平主席强调指出："从严治军是建设强大军队、保证战斗力的铁律。稀稀拉拉，松松垮垮，就不成其为军队，就打不了仗，更不可能打胜仗。"当前，国防和军队建设站在新的历史起点上，阔步迈向新的征程，必须有严格的纪律作保证。每名官兵都要自觉以纪律规矩为准绳，切实以严明的纪律保证上级决策部署的有效贯彻落实，保证部队始终高度集中统一。

（二）民航企业同样需要严明的纪律

不光是部队管理需要严明的纪律，企业也需要建立行之有效的规章制度。这是因为制度是约束一个组织内所有成员行为的最低标准，规定了该干什么、不能干什么。企业作为社会组织，是人们基于某一职业的集合体，从系统论的角度讲，企业希望形成个人能力的合力，目标指向是企业效益。这就需要建立系统化管理体系，建立企业战略规划、规范化关系、人力资源管理、营销管理和资本运营管理为一体的制度体系。“睿智者治法”，严整完善的管理制度体系能给企业带来更顺畅的内部环境。

（三）严明的纪律是完成机务保障工作的重要保证

航空机务工作者担负着飞机的使用、维护和修理工作，直接影响着民航交通运输能力和空军航空兵部队的战斗力。航空机务工作的这种性质和特点，决定了机务工作人员必须具有严明的纪律。

首先，航空技术装备可靠性要求高，只有严明的纪律才能保证质量和安全，做到万无一失。飞机与汽车不同，汽车出现故障或许还可以停下来维修，但是飞行是准单次系统，一旦机务人员疏忽大意，就有可能带来机毁人亡的严重后果，驾驶飞机和乘坐飞机的人们承担着巨大的安全风险。例如，飞机油箱盖没盖好的问题，一架飞机在再次出动的机务准备中，机械员忘记盖油箱盖便将上包皮盖好了，复检人员又没有检查到位，就确定飞机可以放飞，结果飞机在起飞过程中，油雾弥漫，飞行员特情处置不当，发生了严重事故。在第二次世界大战时，德国王牌飞行员汉斯·约阿西姆·马尔赛尤，被称作“沙漠之鹰”，曾创下过击落对手飞机 158 架的战绩，但是在一次任务中，由于机械人员失误而导致发生事故，飞机失事后他的生命定格在了 23 岁。按章操作、制卡操作的制度背后是严明的维修纪律，而没有严明的维修纪律就会直接危及飞行安全。

其次，航空机务工作内容多、分工细，只有严明的纪律才能保证严密的组织协同，防止错漏。航空机务人员的楷模夏北浩同志曾经是一个“活条例”，因为在他的时代，飞机检查的内容很多，要是按照规定全部检查下来，就有上百个部位要检查，数量多就很难避免错、忘、漏。“活条例”夏北浩就想到把飞机分成7个模块，大系统套着小系统，画出飞机检查线路图，按图索骥，就能万无一失。现在机务人员检查飞机可以对照卡片一项一项进行，可见严明的纪律才能消灭错漏。

最后，航空机务工作技术比较复杂，只有严明的纪律才能保证机务人员严格按操作规程办事，防患于未然。许多情况表明，发生地面事故的其中一个重要原因是违章操作，如地面试车打坏发动机、烧坏发动机，以及地面失火烧毁飞机等，大多是违规操作所致。

三、加强纪律建设，恪守机务法规

纪律要想执行下去，靠的不光是罚款、降级、降薪等惩罚手段。这就像一个不听话的孩子，总是一犯错就打骂他，时间久了，这个孩子就不再惧怕打骂，这时候纪律就会失去它的约束作用。纪律要执行，最佳的境界是自觉，就是要切实做到纪律严明，令行禁止。什么叫“令行禁止”?《管子·立政篇》说：“令则行，禁则止，宪之所及，俗之所破，如百体之从心。”意思是说，命令发出后，让做的马上就执行，禁止的马上就停止，法令所到之处，风俗马上为之改变，犹如人的身体听从大脑指挥一样。可见，“令行禁止”的要求是很高的，也只有达到这一要求，纪律才真正达到“铁”的程度。

（一）树立高度的章法观念

所谓“章法”，是指对法律与规章制度的忠诚。章法观念有着丰富的内涵，它包括知法、守法、用法三个相互联系不可分割的观念。

所谓“知法”，是指对章法的认知，具备军人应有的法纪知识，懂得与自己工作和生活直接有关的法律和纪律。

从军航的角度讲，军人既是中华人民共和国的公民，又是国家机构中的成员，军人群体构成了保证国家法律实施的强制力量的一个部分。因此军人应当比普通公民具有更多的法纪知识和更强的法纪观念。从民航的角度讲，民航机务人员的第一身份是中国公民，国家的法规制度、行业的规定要求都是民航机务人必须知道的。“知法”是守法和用法的基础，也是树立章法观念的前提。

所谓“守法”，是指严格遵守国家法律、行业法规和军队的各项规章制度，真正做到令行禁止。要做到自觉“守法”，不但要解决对章法的认识问题，还要解决对守法的情感与态度的问题。也就是说，要能够自觉地运用法纪观点去评价自己或别人的行为；对模范地遵守和维护法纪的行为有一种快慰、喜悦和赞赏的感情，而对违法乱纪的行为则有一种厌恶、愤怒和憎恨的感情。这样才能形成一种守法的坚定信念，从而把对守法的认知变为遵守法纪的实际行动。“守法”是章法观念的核心，知法的目的在于守法，而如果自己不能守法，也就谈不上用法。

所谓“用法”，是指运用法律和规章以维护国家、集体的利益和个人的合法权益，同各种违法犯罪行为作斗争。可见，树立高度的章法观念并非简单的事情，它实际上是一个法纪学习、实践并不断提高自身法纪素养的过程，需要做出切实的努力。

树立高度的章法观念，还要在理论与实践上正确认识与处理好自由与纪律、民主与集中、平时与战时、外场纪律与日常生活制度的关系。章法观念的核心是自由与纪律的关系问题，这些年来，西方资本主义国家对我们进行思想文化方面的渗透，通过各种新兴的自媒体手段大肆宣传所谓的“自由”的思想，在一定程度上引起了人们思想上的混乱。树立高度章法观念，就是要理清混乱思想，让机务人思想纯洁、意志坚定。

可以从不同角度去把握“自由”的概念。从哲学上讲，自由是对必然的认识和对客观世界的改造。在社会实践领域内，人们认识与改造客观世界的过程也就是一个由必然到自由的不断转化的过程。从政治上讲，自由表现为：在一定社会关系中对个人政治上自由权利的确认。因此在阶级社会里，自由总是受阶级制约的，超阶级的自由是不存在的。在社会生活中，自由是相对于纪律而言，是在纪律所允许的范围内的自由，而无“绝对的”毫无约束的自由。在这个问题上，包括资产阶级民主主义思想家们都深刻地指出了这一点。卢梭说：“我愿意自由地生活，自由地死去。也就是说，我要这样地服从法律，不论是我或任何人都不能摆脱法律的光荣束缚。”洛克说：“哪里没有法律，哪里就不能有自由。”伏尔泰说：“自由只服从法律。”可见世界上是没有离开纪律、不受限制、不受约束的自由的。反过来说，要享有自由就得严明法纪，服从法律的限制。歌德说得好：“一个人只要宣称自己是自由的，就会同时感到他是受限制的，如果他敢于称自己是受限制的，他就会感到自己是自由的。”可见，“绝对自由”是不存在的，对自由与纪律的关系要有辩证统一的理解，需要作具体的、阶级的分析，谨防自由化的干扰，自觉地遵守和维护国家、行业和军队的纪律。

（二）从自身做起，养成遵守和维护纪律的习惯

部队严格的纪律，要靠干部带头；企业正规的秩序，需要领导做表率。在领导、干部的引领下，机务人员共同努力，从自我做起，养成遵章守纪的习惯。所谓养成“习惯”，是指经过长期重复和强化所形成的比较固定的行为方式。古人云：“不积跬步，无以至千里，不积小流，无以成江海。”遵章守纪的习惯非一日之功，它是在长期的反复实践中，自觉养成的结果。习惯是一种很强的惯性力，培根甚至说：“习惯是人生的主宰。”就是说养成了习惯之后，不需要经过大脑的思考就可以支配人的行动。俗话说“习惯成自然”，讲的也是这个意思。养成了遵章守纪的习惯，就不会感到纪律的约束、纪律的强制，就能自如地在思想和行动上体现遵纪守法。例如，行业里一些老同志、军队里一些老兵，他们并没有感觉到在规章制度的约束下工作数十载，自己的自由受到了什么限制，这就是“习惯成自然”。这既是一种长期遵章守纪后形成的行为习惯，又是由于长时间学习法规制度而自觉形成的制度意识。纪律的养成贯穿于我们的工作、学习和日常生活之中，我们从事维修活动的过程，实际上也是养成遵守维修纪律习惯的过程。我们要坚持从一点一滴做起，逐步养成遵守纪律的良好习惯。例如，有一次列宁去理发，他见前面已经等了许多人，就自觉排在后面，大家知道列宁的时间是非常宝贵的，争着让他先理，列宁回答说：“谢谢诸位同志们，不过这是要不得的，应该按班次和遵守秩序，我们自己定的纪律，应该在一切琐碎的生活中去遵守它。”自觉是人的一种品质，一种觉悟，一种习惯，机务人员在机务工作中要自觉遵守规章制度，努力做到四个“一样”，即能自觉做到领导不在场和在

场一样，冷天、热天和一般气候条件一样，飞机没有故障和有故障一样，飞行结束得晚和结束得早一样。很多老机务工作者，之所以维护飞机十几年甚至二十几年不出事故，除了平时严格要求外，始终保持自觉是一个非常重要的方面。中国人提倡“慎独”，就是在没有人监督约束的时候仍然保持不越轨，遵章行事，这就是高度自觉的境界。机务工作者就是要把自觉遵章守纪牢记心头，当自觉成为习惯，责任事故也就被消灭在萌芽中了。

四、历史链接

空军航空机务“四无”活动

新中国成立后，中国人民空军的家底并不厚，加上自新中国成立后持续不断的战斗，年轻的人民空军一边战斗一边成长，广大航空机务人员也持续不断地提升机务保障能力，保证了战斗胜利，确保了飞行安全。

20世纪50年代中期以后，为了进一步提高飞机维修质量，空军工程机务人员不断探索、改进维护方法，纷纷提出一些更加明确、具体的维修飞机的标准和要求。1958年开始了以“无故障，无缺陷，无锈蚀、油垢，无外来物”为基本要求的飞机“四无”工作，并以此作为衡量维修质量高低的标准。

飞机“四无”是对飞机维修质量目标的一种通俗扼要的概括。“无故障”是“故障不上天”口号的发展，把“有故障必须予以排除才能放飞”的要求，提高到以预防为主，把故障消除在萌芽状态，保持飞机经常完好；“无缺陷”则更进一步，不仅要求飞机没有故障，而且对一些暂时不影响工作的缺陷也不能放过，体现了保证飞机维修质量的高标准；“无锈蚀、油垢”是在无故障、无缺陷的前提下，精心做好维护、保养工作，从而预防故障、缺陷的产生，并使飞机整洁、美观，给人以优质感；“无外来物”是针对工作中容易发生丢、忘现象而提出的，要求每次在飞机上工作后，对工具、器材等认真清点，防止遗忘在飞机上，以确保飞行安全。“四无”是“预防为主”维修思想在日常维修工作中的体现，符合维修规律，也是必须通过主观努力才能实现的质量标准。

为使飞机达到“四无”标准，机务人员要以极高的热情，更加辛勤的工作，致力于实现这个目标。“四无”工作开展得好的单位，飞机完好率、出勤率提高了，误飞千次率降低了，飞行安全得到更好的保证。某单位未开展“四无”活动前，全队只有一架飞机的单机出勤率达到100%。开展“四无”活动后，全队80%的飞机单机出勤率达到100%。

1959年7月，空军机关在长沙主持召开了飞机“四无”工作座谈会，使这项经验在空军航空兵部队迅速推广。1961年8月10日，空军机关转发部队“四无”的经验，进一步推动了“四无”活动的开展。

在飞机陈旧、器材缺乏、维修设备不足的条件下，“四无”是符合维修规律的正确要求，又是一个很高的标准。要使飞机达到“四无”，机务人员就要做更多的工作，付出更艰辛的劳动。但空军机务人员以极高的热情，欢迎和接受了这个标准，并很快传播开来。

在开展飞机“四无”工作中，广大航空工程机务人员日益认识到，要保证飞机安全飞行和完成任务，必须使飞机的各项技术性能数据符合规定的技术要求。而要做到这一点，又必须有符合规定的工具、仪器、设备加以检测，并正确地进行操作。为此，空军提出了尽快实现“检查飞机量具化；仪器、工具设备标准化；操作规程化”的要求。同时，强调机务干部一定要熟悉飞机装备情况，组织好飞机“四无”工作，严把质量关和放飞关。

这些措施的实施，使中国人民空军胜利地渡过了20世纪50年代末、60年代初国家经济困难、飞机老旧、装备器材非常缺乏的艰难时期，保证了这一阶段飞行任务的完成。

第六章　艰苦奋斗，勤俭创业

中国航空机务事业起步之初就面临当时国家内忧外患、落后贫弱的境地，艰苦奋斗、勤俭创业是我们的优良传统之一。

一、艰苦奋斗，勤俭创业的含义

从字面意思来看，“艰苦”即艰难困苦、环境恶劣，“奋斗”即积极进取的实践活动。“艰苦奋斗”是指为了战胜苦难、摆脱恶劣的处境而进行长期的斗争以实现自己的奋斗目标。“艰苦”和“奋斗”是相互影响、相互作用的关系。艰苦的条件下，物质资源紧缺，处境艰难，为了摆脱这种困境人们必须奋斗，而且奋斗的过程不可能追求物欲的享受，同时在奋斗的过程中又必然经历一番心理或生理的艰苦磨砺。从哲学层面看，“艰苦”和“奋斗”体现了物质与意识的相互关系。“艰苦”和“奋斗”分别属于物质和意识两个方面的范畴。“艰苦”是指客观条件的恶劣，是物质层面的范畴；“奋斗”是人的主观能动性的行为，是意识层面的范畴。在现实生活中，人们都有可能遇到艰苦的条件或困难，要打破困境、实现既定的目标，就要靠人们发挥主观能动性、持续不断地奋斗，体现了客观物质条件对人的意识的决定性作用。奋斗的行为正是人们发挥主观能动性的表现，人们发挥主观能动性并通过自身的奋斗改变艰苦的现状，体现了意识对物质的反作用。

艰苦奋斗从本义来说，包括物质和精神两个层面。从物质层面看，它要求人们的消费节制在合理的限度内，与社会生产水平相适应；从精神层面看，它是指人们在改造客观世界和主观世界的活动中，不畏艰难困苦奋发有为的精神状态。

“艰苦”是物质或环境的外在表现；“奋斗”则展示了积极思想的本质要求。艰苦奋斗深刻描述了人类自古以来所经历的种种艰难险阻，以及面对和战胜这些艰难险阻时所特有的精神气质，基于这一认识，艰苦奋斗成为一种得以传承的意识。对于革命军人而言，新时期艰苦奋斗的科学内涵和精神实质主要体现在以下 4 个方面。

（一）不怕困难、迎难而上

不怕困难、迎难而上是艰苦奋斗的必然要求。任何行业建设都不可能是一帆风顺的，机务人员的成长进步也不可能一帆风顺。弘扬艰苦奋斗精神，就是要不怕困难，迎难而上，不论环境多么险恶，条件多么艰苦，都能精神愉快，心情开朗，任何厄运和打击都压不倒、摧不垮，以坚韧不拔的毅力，战胜前进道路上的一个个困难。海拔 3700 米的喀喇昆仑高原上有一个军队医疗站，担负着我军海拔在 4500 米以上的哨卡和新藏公路沿途兵站、机务站的医疗救护任务，是全军海拔最高的医疗站，医疗站常年坚守在喀喇昆仑风雪高原，特别是站里的几位女医务战士，这些美丽的白衣天使就是靠着“不怕困难、迎难而上”的精神，克服了常人难以想象的困难，把自己美好的青春乃至生命都奉献给了茫茫昆仑高原，被边防官兵和沿途各族群众称为“生命禁区的救护神”。

（二）顽强拼搏、有所作为

顽强拼搏、有所作为是艰苦奋斗的精神实质。毛泽东主席曾精辟地指出：“我们要保持过去革命战争时期的那么一股劲，那么一股革命热情，那么一种拼命精神，把革命工作做到底。”艰苦奋斗精神的核心就是奋斗。顽强拼搏、有所作为的精神状态和行为品质，一直是坚韧的中国人民的座右铭。过去，我们靠它战胜了无数艰难险阻，取得了一个又一个的胜利；今天，在面对后疫情时代经济回暖战，国际局势日益动荡的情况，问题更多、困难更大，更需要有强烈的事业心、责任感、积极进取、奋发向上的革命加拼命的精神，通过奋发进取，顽强拼搏，建功立业，努力开创航空事业新局面。中国航天英雄杨利伟说：“要想成为一名合格的航天员，除了必须具备特殊的身体素质，还必须掌握深奥的相关知识，接受一系列严格的特殊训练，这些特殊训练代表着艰难的极限。”电视剧《士兵突击》里的许三多，在腹部绕杠总也不及格的时候，发扬顽强拼搏的精神，硬是用三百多个腹部绕杠震住了连长。

（三）顾全大局、无私奉献

顾全大局、无私奉献是艰苦奋斗的现实要求。目前，世界局势瞬息万变，局部战争频繁爆发、西方资本主义国家对我国封锁敌视。国内面临经济回暖，生产待兴，国防与军队改革持续深化。航空机务人员作为社会技术人才，政治素养与专业技能水平都应高于其他群众，更要以支持国家经济建设大局为重，树立艰苦奋斗思想，与党和国家同心同德，顾全大局；正确处理个人和集体利益，正确对待组织分工，甘愿牺牲奉献。航空机务工作技术性强，工作环境恶劣，社会知名度不高，部分机务人员对本职工作的自我认可度也有限，加上机务工作枯燥反复，于是严寒酷暑、孤寂乏味成了消耗机务人员精神力量的“罪魁祸首”。但是机务战线上的同志们总是顾全大局，在自身利益和组织利益的天平上倾向了组织。

（四）勤俭节约、艰苦朴素

勤俭节约、艰苦朴素是艰苦奋斗的具体体现。离开艰苦朴素的生活作风，就谈不上艰苦奋斗的工作作风，更无所谓艰苦奋斗的创业精神。发扬艰苦朴素、勤俭节约的生活作风，可以培养吃苦精神、奋斗精神和良好的品德。“历览前贤国与家，成由勤俭败由奢。”我们的革命先辈无一不是艰苦朴素、勤俭节约的楷模。著名的抗日爱国将领续范亭首次见到朱德同志时，不胜惊讶。他万没想到，身经百战、威震敌胆的八路军总司令，竟是这样衣着朴素，就像一个普普通通的庄稼汉。惊叹之余，他写了一首诗：“敌后撑持不世功，金刚百炼一英雄，时人未识将军面，朴素浑如田舍翁。”

二、艰苦奋斗，勤俭创业是航空机务优良传统

（一）艰苦奋斗，勤俭创业是中华民族的传统美德

中华民族历来以勤劳勇敢、不畏艰苦著称于世。回顾中华民族的发展史，艰

苦奋斗精神始终是激励广大劳动人民战天斗地、推动历史前进的巨大力量，是中华民族的美德，也是中国人引以为豪的精神。古人云，“汝贤，克勤于邦，克俭于家”“艰难困苦，玉汝于成”“优劳兴国，逸豫亡身”等，都反映出中华民族是一个艰苦奋斗的民族。艰苦奋斗创造了中华民族的物质文明。精卫填海、夸父追日、女娲补天、愚公移山的传说，大禹治水的美谈，万里长城、都江堰的修建，指南针、造纸术、火药、活字印刷“四大发明”的伟大创造，都是中华民族艰苦奋斗的结晶。毛泽东主席早在1935年5月，《在延安庆祝五一国际劳动节大会上的讲话》中就指出：“我们的民族历来有一种艰苦奋斗的作风，我们要把它发扬起来。”艰苦奋斗就是一种自强不息的民族精神，是映衬中华文明的精髓所在，是中华民族生生不息之根。

现如今，中国人民的生活水平已经提高，温饱问题已经解决，但是见面先问“吃了没”的习惯还在，中国人勤俭节约、艰苦奋斗的美德没有忘。“98抗洪”时涌现出的一位英雄李向群，他的家庭条件很好，但他每个月只消费10元钱。家里人催促他退伍回家，他淡然一笑，最后把自己年轻的生命献给了抗洪救灾斗争，献给了灾区人民。在抗击新冠疫情时，年轻的“网生一代”和父辈一道积极捐赠物资，一起奔走在抗疫的第一线。

（二）艰苦奋斗是我军的政治本色

1936年，美国作家斯诺到延安采访，看到毛泽东住着简陋的窑洞，周恩来睡的是土炕，彭德怀穿着用缴获的降落伞改制的背心……从这些细小的事情上，他发现了共产党的一种伟大的力量，他把这种力量叫作“东方魔力”，并断言这种力量是“兴国之光”。

斯诺讲的这种“东方魔力”“兴国之光”就是我党我军在长期革命斗争中凝成的艰苦奋斗精神。毛泽东主席曾指出：“我们要提倡艰苦奋斗，艰苦奋斗是我们的政治本色。”

人民军队的发展史就是一部艰苦奋斗史，艰苦奋斗像一条红线，贯穿我军的整个历史，是我军克难制胜、克敌制胜的法宝，是我军持久不衰的政治优势，是中华民族勤劳节俭传统的继承和发展。

在井冈山时期，物资条件极端困难，部队从军长到士兵，每人每天只有几分钱的菜金，粮食紧张，只能靠糙米饭、南瓜汤充饥，寒冬腊月，许多战士还穿着单衣。作战频繁、营养不足，加上挨饿受冻和其他一些原因，很多同志身体虚弱，患有疾病，可是，当时就连碘片这类最普通的药品都没有。然而，就是在这样的艰苦环境，也丝毫没有动摇红军战士将革命进行到底的坚定信念，他们“有盐同咸、无盐同淡”，在物质条件极其艰难的时候仍然高举红旗，英勇战斗，发展壮大了自己。

在红军长征中，天上每日几十架飞机侦察轰炸，地下几十万大军围追堵截，路上遇到说不尽的艰难险阻。在缺少给养和武器弹药的情况下，红军战士用双脚丈量了两万五千里征途，边行军、边筹粮、边作战，野菜充饥、篝火御寒，冻死在路旁的老兵就是司务长，皮带鞋底也要煮了充饥……红军战士们以惊人的毅力，忍受了常人不能忍受的艰苦，战胜了常人不能战胜的困难，以“红军不怕远征难，万水千山只等闲”的英雄气概，抢渡了激流滚滚的大渡河，跨越了空气稀薄的夹金山，走过了茫茫无际的泥泞草地，终于实现了战略大转移，创造了历史上从未有过的奇迹。

在抗日战争时期，我军在武器装备极端低劣的条件下，勇挫日寇的“三光”政策，并与国民党反动派的包围封锁进行了长期的斗争。全军将士响应毛泽东主席提出的“自己动手、自力更生、艰苦奋斗、克服困难”的伟大号召，积极投入了轰轰烈烈的大生产运动。部队开荒种地、纺线织布，克服了物质上的重重困难，战胜了敌人的层层封锁，保证了抗日根据地军民的供给，同时也减轻了人民的负担，赢得了抗日战争的胜利。

在解放战争时期，国民党反动派凭借着数量上和装备上占有巨大优势的军事力量，依靠美国的大量援助，向解放区进行猖狂的进攻。我军发扬了艰苦奋斗、不怕牺牲的精神，同全国人民紧紧地站在一起。我军一方面十分注意节省人力、物力，力戒浪费，努力生产；另一方面依靠人民的支援，同仇敌忾、奋勇作战，在短短三年多时间里，用“小米加步枪”战胜了“面包加大炮”的800万国民党军队，取得了民主革命的伟大胜利。在长期革命战争实践中，形成了体现艰苦奋斗精神的“井冈山精神”“长征精神”“延安精神”。

在社会主义建设时期，我军发扬战争年代艰苦奋斗的革命精神，促进了革命化、现代化、正规化建设和各项任务的完成。中华人民共和国成立初期，生产萎缩，民生困难，国家经济几近崩溃。许多老百姓失业，物价飞涨，通货膨胀，投机倒把的人肆无忌惮，老百姓却买不到需要的物资，市场混乱不堪。同时，新成立的社会主义国家还面临着敌对势力的虎视眈眈，北京、上海、南京等地时常处在敌人的监视和袭扰威胁之中。面对这样一个百废待兴的国家，面对旧中国遗留下来的烂摊子，全国人民和人民军队在党和国家的领导下，坚持艰苦奋斗、增产节约，勤俭创业，“勒紧裤腰带过日子”。一方面，加快新中国建设，各行各业迅速发展，从建厂房到实现生产，从铺铁路到建立全国运输网，从修“万国牌”飞机到自主研发和生产“国字号”飞机。另一方面，20 世纪 60 年代，面对严重的自然灾害和世界霸权主义的刁难，我们开发了大庆油田、爆炸了“两弹”，蘑菇云升起的时候全世界都知道中国不再任人欺辱，东方沉睡的雄狮觉醒了。“大庆精神”“雷锋精神”“南京路上好八连精神”闪耀在中华大地上。

进入新时代，我们遇到了冰雪自然灾害、汶川大地震、泥石流等自然灾害，人民军队在党的领导下总是第一个冲在灾难面前，救老百姓于水火。在全球新冠疫情蔓延的时候，军用航空飞机在大年三十载着白衣天使们奔赴一线抗击疫情。每一重大事件背后，都能看见中国军民艰苦奋斗的身影。

（三）艰苦奋斗、勤俭创业深深烙印在航空机务人的血脉

中国航空机务的发展史就是艰苦奋斗、勤俭创业的历史。冯如在制造中国第一架载人飞机时，资金困难，只有三位同样没有多少财力的同伴投资，专业理论薄弱，只能边打工边学习，回到国内发展航空，也是困难重重，但是直至生命的最后一次飞行表演，他还在宣传航空知识，希望实现“航空救国”。1924 年，我党连一架自己的飞机都还没有，就已经计划“借巢育鹰”，选派出去学习航空技术的人才们遇到了无数困难：到苏联时语言不通、信息闭塞；在新疆时，督办盛世才亲蒋反共，我们的航空人才被关进监狱受尽折磨；回到延安后，又马不停蹄地奔赴东北建航校。天寒地冻的东北大地上，老航校人在一片废墟中建设航校、培养自己的航空人才，一车皮一车皮的航空材料和油料，是老航校人用遍布东北三省 33 个县市、大大小小 50 多个机场找回来的。年轻的战士为了节约最后一点汽油，用干抹布蘸着取油，最后却因为汽油中毒，把生命留在了 19 岁。有的同志为了寻找航材，误闯日军“731”部队实验室，中毒牺牲，有的留下终身残疾。那时候为了试飞教练机，老航校的教员把自己用麻绳捆在飞机上，“机在人在，

机毁人亡”。就是这样的艰苦奋斗，艰难创业，奠定了新中国航空事业的基础和人民空军的家底。空军成立后，空军在战斗中成长，以轮战的形式参加了抗美援朝作战。战场上没有照明设备，手电筒和马灯就是机务保障的照明设备，为了避开美国空军的侦察和轰炸，我们的机务人员只能在夜间和战斗间隙保障维护飞机，机组的同志们就分组轮班，饿了就在飞机旁啃点馒头窝头，累了就睡在飞机边上。

空军航空机务发扬艰苦奋斗的精神，民航的机务人员也不含糊。在“两航起义”时为了不让港英当局者发现起义的苗头，两航的机务人员总是趁其不注意，抓紧一切时机检修飞机，起义的12架飞机的飞行准备几乎都是如此。同时，参与“两航起义”的机务人员考虑到大陆民航缺少飞机检修工具和零备件，也在神不知鬼不觉中做好了检修工具和零备件的准备。1950年8月1日，中国民航“八一开航”时，就用到了这些工具设备。在“两航起义”后，原本属于中国政府管辖的两航资产被港英当局非法冻结，美国带领联军发动了朝鲜战争，悍然派兵封锁中国台湾海峡，妄图扼杀新中国。当时航空零备件存量有限，即使中国民航采用“小飞原则”的经营方针，可如果没有自己的民航修理厂，飞行安全一样无法得到保证。于是，军委民航局决定在上海和太原分别建立机械修理厂。两地的民航机械修理厂员工由“两航起义”员工和太原空港工程处员工组成。严冬的太原城里，机械技师们冒着大雪建厂，白天修理飞机，夜里轮流站岗，数百吨的器材和机器设备全是员工们自己动手搬运，创下了“百日建厂”的中国速度。上海飞机修理厂用4个月的时间，修复了2架C-46型飞机。不到一年时间，为国家修复了8架C-46型飞机、2架C-47型飞机，为民航提供了近30万件可用零备件和铝管、铝材等航空器材。而在一年前，这个修理厂只有1台4尺①小车床。

三、艰苦奋斗、勤俭创业的传统代代相传

（一）自觉传承，自觉约束

艰苦奋斗、勤俭创业是传统，应当传承。进入新时代，我们国家快速发展，

① 1尺≈0.33米。

实现了小康梦想，打赢了人类历史上规模最大的脱贫攻坚战，经济总量稳居世界第二位，人均生产总值稳步提升，国家综合国力、军队实力跻身世界前列。航空机务人员手中的工具从解刀、扳手升级成了自动化设备，维护的飞机成为全世界都仰望的新装备。在这样一个壮阔的时代，艰苦奋斗、勤奋创业的传统仍旧需要代代相传，从老一辈手中接过时代的接力棒，同时要传承的还有优良的传统。

宋朝名臣司马光说：“成由勤俭败由奢。”认识到奢俭的结果，真正领悟老一辈机务人艰苦奋斗、勤俭创业的精神，自觉地降低物欲、培养自己能吃苦的能力，自觉地约束自己的行为，是机务人传承艰苦奋斗、勤俭创业精神的第一步。

（二）领导带头，积极引导

部队常有一种说法：“兵熊熊一个，将熊熊一窝。”说的是如果战士自己不行，则影响的只是自己；如果是领导干部不行，则会带坏整个单位。这就是我们常说的“领头羊效应”。现在人们生活水平高了，在吃得饱、穿得暖的同时，难免养出吃不了苦的娇气、受不得难的傲气。这时除了教育引导外，还需要领导的带头表率。机务工作通常要在室外活动，夏天机场温度动辄 40℃，冬天又无处可取暖，甚至有时为了在维护保养时，保证“手感”，机务人员还需要把手套摘掉，触碰冷冰冰的飞机，稍一不慎就会被撕掉肉皮。双手、脸部被冻伤、晒伤是机务人员的常态。这时如果领导能够带头吃苦、一起创业、积极引导机务人员，最后还能形成一种艰苦奋斗的氛围，那么这些“苦”就不会太苦，成功排故、安全放飞后，“苦”也会变成甜。

（三）常抓不懈，养成习惯

管理学上有一个有趣的“飞轮效应”，就是要转动一个巨大的轮子需要很大的力气，但是只要转动了，要保持这个状态就只需要一点点力气就足够了。这就是人的习惯。部队日常管理重养成，行止有矩靠的是日常行为规范。民航飞机检查现场管理也靠养成，一旦形成了合乎规定的习惯，就像飞轮一般，只需要日日维持就好。艰苦奋斗、勤俭创业也可以是一种习惯，在舒服和困难、奢侈和勤俭间，培养人的自制力，用强有力的自制力作出正确的选择。所谓“自制力”，是指一个人在意志和行动中善于控制自己的情绪、约束自己言行的能力。

四、历史链接

（一）航校初建

在新中国建立之前，我们党为建立人民空军所做的最重要准备之一，就是创办东北航空学校。1945 年 8 月 15 日，日本投降。在举国欢庆抗日战争胜利的时刻，高瞻远瞩的党中央审时度势，决定在东北建立一所航空学校，为日后创建人民空军培养航空人才。

党把这项光荣而艰巨的任务交给了王弼、常乾坤等人。

1945 年 9 月的一天，中共中央政治局委员、书记处书记任弼时向常乾坤下达了组织人员去东北筹建航校的任务。在这之前，时任第 18 集团军原总参谋部航空组组长王弼已经接到了党中央关于利用东北日军遗弃的航空器材等有利条件筹建航校的决定。于是，赴东北筹建航校的人员分三批，于 1948 年 9 月 2 日、10 月 2 日、10 月 15 日先后离开延安奔赴东北。

山一程水一程，老航校人员一边克服千里赴东北的艰辛，一边躲避国民党的袭扰。其中，第二批赴东北的人员徒步上路，经由张家口奔赴东北，用牲口驮着行李，有孩子的同志多配发一头毛驴。经过山西应县时遇上国民党军队，幼小的孩子被棉被裹住驮在驴背上跟着队伍奔跑，等揭开被子时，孩子浑身瘫软，嘴唇苍白，险些被捂死。熊焰的妻子陈然是孕妇，张开帙和欧阳翼就一人一边架着她的胳膊，连拖带拉地跟在队伍后面跑。

同时，中共东北局和东北民主联军总部（简称东总）指示先期到达东北地区的刘风、黄乃一等人搜集航空器材，并接受了日本林弥一郎航空大队的投降。中共东北局将其改编为东北民主联军航空队，任命蔡云翔为航空队队长，刘风为副队长，黄乃一为政治委员。这支航空队中的日本留用人员后来在东北老航校的建设中发挥了重要的作用。

三批人抵达东北后，旋即与东总的同志一道开始筹建航校。

在航校创建之初物资奇缺，为了保障飞行训练，一无所有的老航校人化身

"破烂王"，四处搜集航空器材，顶风冒雪，忍饥抗寒，不辞劳苦，长途跋涉，足迹遍及东北地区的30多个城市、50多个机场。1945年11月，刘风等人在南蛮营口、大石桥、鞍山等地，搜集到10多架飞机和一些器材，交由姚峻、李熙川等负责运到通化；1946年初，王弼、常乾坤等30多人由朝阳奔赴本溪途中，在铁岭附近的平顶堡发现一个日寇遗弃的发动机翻修厂，找到大量航空器材和航油；1946年2月，魏坚等人在东满一线调查机场设施和搜集航空器材，发现牡丹江海浪机场情况较好，随即向上级报告，后来这个机场成为航校教学训练用的一个重要机场。

搜集航空器材多艰辛。在东北地区搜集航空器材时，顾光旭等人误入日寇"731"细菌部队实验室，5人中毒，其中两人抢救无效牺牲，顾光旭也因此落下终身残疾。

为了搜集到更多的飞机和航空器材，航校筹建人员千方百计，想尽了办法。当他们在路上看到马车、牛车轮子的印迹有些像是飞机轮子时，就跟踪到老百姓家里，如果确是飞机轮子，就动员老百姓们献出来或是用钱买下来。白山黑水间淳朴的老百姓们，一听要建设咱们自己的航校，要让咱们自己的飞机飞上天，都争先恐后地捐献出自己捡来的航空器材。有的村子还专门召开搜集航空器材的动员大会，勤俭一生的老大爷一听说自己捡来的三个汽油桶能用到咱们的航校建设中，就豪气地贡献出来。就这样，老航校的同志们走遍了东北三省的山山水水，寻来了大量的航空器材和飞机。

找到了航空器材，却没有交通工具把搜集到的飞机和航空器材运出去。困难吓不倒共产党人。没有火车、汽车运，搜集航空器材的同志们就用马车、牛车拉，靠这些笨重而落后的交通工具，把搜集到的飞机和航空器材一点点、一件件地运到了目的地。

从1945年10月到1946年5月，搜集航空器材人员在东北30多座城镇和50多个机场，共搜集到各式飞机120多架，飞机发动机200多台，油料数百桶，酒精200多桶，航空仪表200多箱，各种设备物资2800多马车，为航校建设备下了家底。

终于，1946年3月1日，我党我军第一所航空学校——东北民主联军航空学校在通化正式成立，代号为"三一部队"。

（二）艰难办学

1946年3月1日，历经千辛万苦的东北民主联军航空学校在通化正式成立。可是刚刚建立的航校马上面临搬迁。这是因为1946年2月，国民党军队向东北民主联军发动攻击，同年3月占领沈阳，直逼本溪、四平，近在咫尺的通化岌岌可危，东总决定将航校搬迁至牡丹江的海浪机场。

牡丹江位于黑龙江东南部，四周群山连绵，海浪机场位于牡丹江的南边，日军撤离时，对这里的损坏相对较轻，机场水泥跑道基本可以满足飞行训练需要。

从通化到牡丹江，上千里路，航校人带着学校的家底继续前进。此时，航校装备物资比较多，光是人员和主要装备物资的搬运就历时一个月。这期间，不仅要搬迁，还要时刻提防国民党空军的轰炸，情况十分危急。情况紧急、任务繁重，在这样的情况下，老航校人想出了马拉飞机的办法。有的飞机卸下机翼，机头朝后，将机尾和马车捆在一起，利用飞机自身的两个主轮拖着走；有的飞机则拆解开来，发动机、机轮和机翼、机身分装在马车上运送；还有的飞机则卸下机翼和起落架，把机身架在前后相连的两辆平板车上，用马拉着走。

1946年4月底，浩浩荡荡的搬迁终于告一段落。在海浪机场安家后马上开始教学训练。可是，此时又遇到了另一个难题：航空器材不够。随着训练展开，飞机螺旋桨、轮胎和汽油等逐渐捉襟见肘，正常训练备受影响。

怎么办？老航校的机务人员秉着艰苦创业、无畏艰难的精气神儿，想尽办法、用尽全力！

螺旋桨和机轮不够，那就串件使用。机场上常见几架同型的飞机轮流使用一幅螺旋桨的场景，这架飞机飞行着陆后，就马上把机轮拆下来装在下一架准备飞行的飞机上。

没有充气车，那就用自行车打气筒给飞机轮胎充气，一个人打气打到胳膊抬不起来，那就几个人排队接着打！天寒地冻的机场上，老旧的飞机不能迅速起动，那就架起火堆，用柴火给发动机加温，手摇摇把起动飞机。没有现代化的照明设备，没关系，我们提着马灯照常作好飞行准备。

就这样，用世界航空史上闻所未闻、见所未见的土办法，保证了航校飞行训练的正常进行。

螺旋桨、轮胎的问题能想办法解决，但汽油燃尽就真的没有了。航校没有运送汽油的铁路专用线，也没有输油供油的专用设备。只能用槽罐车把汽油运到车站，再人工用管子把油抽到油桶里，运回航校。可是槽罐车底部的油没办法自动流出，于是航校的机务人员就用手摇泵抽油，快见底的时候，就组织人员带上防毒面具轮流钻进槽罐车里用盆舀，哪怕是最后一点油底子，也要用纱布蘸出来，再拧进盆里。一位年轻的战士就在这样卸油的过程中，被油气熏晕，最后掉进油罐牺牲了。

搬到海浪机场后没多久，国民党军占领长春，老航校又不得不再次搬迁至东安（今密山）。东安靠近中苏边境，冬季最低温度能到零下40℃。

航校迁至东安时，正是冰天雪地，草地机场几乎被炸毁，房子四处漏风，缺煤少柴的航校人作了一首打油诗："长夜风雪吼欲狂，衣单被薄镀银光。蓝天壮志聊一阵，当个'团长'入梦乡。"

条件艰苦，但斗志不减。航校在东安建成了飞机修理厂、机械厂和器材厂，解决了部分急需的飞行器材。

在东安时，国民党空军飞机对我方空袭越来越频繁，严重干扰了航校的飞行训练。为了减少损失、保证训练，航校决定调整飞行训练时间。经常日出开飞，第一班飞到十点，十点到下午三点把飞机推进掩体躲避敌机袭击。三点到日落再飞一班，老航校人称这是"你飞你的，我飞我的，各飞各的"的空中游击战法。而这无疑又增加了航校机务人员的工作量。提着马灯检查飞机成了航校机务人的工作常态。

1948年1月1日，经中共中央、中央军委批准，东北民主联军改称东北人民解放军，航校随之改称"东北人民解放军航空学校"。

1948年春，全国解放战争形势发生重大变化，东北大部分地区得到解放，航校又乘势搬回牡丹江。1948年3月，航校校部再次从牡丹江迁至长春。1949年12月13日，东北老航校完成整编，奉命停止办公。

3年零9个月的时间，1300多个日夜，老航校人励精图治、艰苦奋斗，培养出各类航空技术人才560名，其中，机械教员17名，机械员305名，为后来人民空军航空机务系统的建立与不断完善种下了生机勃勃的种子，为人民空军的建设奠定了坚实的基础。

（三）老航校精神永放光彩

1946年3月1日，我党在吉林通化创办了第一所航空学校——东北民主联军航空学校，习惯上称“东北老航校”。学校从筹建到办学，一路艰辛，面临诸如物资器材奇缺、人员成分复杂、敌特破坏等巨大困难，甚至曾因战争形势影响几易校址。可是老航校人不怕艰苦、不畏强敌，靠着坚定的信念、强大的意志和创业的热情，在短时间内成功建校办学。为期只有3年零9个月的办校史，却培养出560名各类航空技术人才，为日后的人民空军培养了一批懂航空的军事、政治、工程技术、后勤干部。毛泽东主席高度肯定老航校的历史功绩，称赞他们“为今后正式建立空军做了准备，培养了一批种子”。老航校形成的“团结奋斗、艰苦创业、勇于献身、开拓新路”的老航校精神，激励着一代代空军机务人才不懈奋斗。

1. 团结奋斗

老航校组建于解放战争初期，人员来自四面八方，有我党早期派往苏联留学的航空技术骨干，有经过长征和抗日战争的老战士，有参加革命不久的年轻学生，也有从国民党空军起义投诚的技术人员，还有侵华日军投降人员和伪满政府留用人员。复杂的人员结构，参差不齐的人员思想觉悟、文化技术水平，千差万别的作风习惯，都没有影响老航校人建校办学的信念。在党中央“一定要把航校办起来”的目标引领下，大家上下同心、团结一致、互相尊重、互帮互学，在艰苦的环境下，圆满完成了建校育人的历史使命。

在老航校办学过程中，曾发生过一次由国民党特务和日本溃散军人策划组织的反革命暴乱，史称“二·三暴乱”。1946年2月3日，老航校人正在紧锣密鼓地搜集航空器材、修整机场时，暴乱分子手持枪支、战刀、斧头和棍棒，扑向人民解放军通化支队司令部、市公安局和机场等10个重要目标。为保卫机场，暴乱平息后，从缴获的暴乱计划中得知，天亮后会有一名日籍飞行员驾机升空为暴乱助威。而在连夜审讯时，一名名叫“小赤”的日本飞行员交代计划中的飞行员就是林弥一郎。据此，上级电话通知航空总队，立即枪毙林弥一郎。情急中，航空总队日工科长杉本一夫给吴溉之打电话，保证林弥一郎不会参与暴乱。后又急告黄乃一，请他做担保。两人的意见得到采纳，但慎重起见，对林弥一郎进行单独监管。后来查证航空总队人员不涉及暴乱计划，“小赤”是诬陷林弥一郎。事后总队领导分别与林弥一郎单独谈话，表达了对他的信任。在航校成立后，林弥一郎被任命为校参议兼主任飞行教官，与蔡云翔一起进行飞行教学。

2. 艰苦创业

航校创建之初物资匮乏，为了保障飞行训练，一无所有的老航校人化身“破烂王”，四处搜集航空器材，顶风冒雪，忍饥抗寒，不辞劳苦，长途跋涉，足迹遍及东北地区的30多个城镇、50多个机场，把搜集到的物资用牛车、马车拉回学校。从1945年10月到1946年5月，搜集航空器材人员在东北30多座城镇和50多个机场，共搜集到各式飞机120多架，飞机发动机200多台，油料数百桶，酒精200多桶，航空仪表200多箱，各种设备物资2800多马车，为航校建设备下了家底。

1946年3月1日，航校建立。可是建校不久的航校随即就要面对国民党的袭扰。1946年5月，国民党军队大举进攻东北解放区，航校被迫从通化迁往牡丹江，同年11月又北迁至东北边陲东安。直到1948年3月，随着东北地区的形势的逐渐好转，才由东安迁回牡丹江，1949年3月，又迁往长春。战火绵延，老航校不得不四易校址，几度奔波。但始终初心不辍，坚持办学，培养了大批人才。

3. 勇于献身

在陆军基础上建空军，是人民空军的一大特色。在东北老航校的机务人员中，很多人都是资深功高的红军指战员，甚至是战斗英雄，因为工作需要，大多是高职低配，而且时有变动。但是他们从不计较个人名利、地位、得失，无论分配到哪里，无论干什么工作，无论面对怎样的艰苦困难，都照样发光发热、勤勤恳恳，默默贡献自己的力量。在搜集航空器材过程中，在组织训练过程中，无数老航校人义无反顾地把自己的生命和青春献给了人民空军的建设事业，献给了繁重琐碎而又艰巨光荣的航空机务保障工作。

4. 开拓新路

航校开始教学了，可是航校教育训练从一开始就遇到很多困难。学员文化程度低，教员多为日本人，语言不通，翻译又少，水平不高，教学设备差。不向困难低头的老航校人逐渐摸索出“实物教学法”，教员们想方设法自制模型教具，把一些报废的飞机部件搬到教室，先通过形象化教学来激发学员的学习兴趣，然后回头补习文化。校领导亲自动手编写教材，如常乾坤编写了《空气动力学》、王弼编写了《发动机原理》等。经过一段时间的文化补课，学员们基本上掌握了相关的基础理论知识，为开展飞行训练奠定了基础。

航校的飞行训练条件十分艰苦。世界各国组织飞行训练，都是先飞初级教练机，再飞中级教练机，最后飞高级教练机。由于航校没有中级教练机，只有10余架日制“九九”式高级教练机和4架不堪使用的“英格曼”式初级教练机。航校决定打破常规，越过初、中级教练机，直上高级教练机进行飞行训练！在统一认识的基础上，航校的教员和学员们针对直上“九九”式高级教练机问题，摆困难，想办法，采取了很多行之有效的措施。经过教员和学员的共同努力，直上“九九”式高级教练机获得成功，开创了世界航空史上的先例。

艰苦的工作条件、巨大的教学压力、迫切实现的育人目标，这些有利或不利的因素都没有阻碍航校的建立和办学，他们建起飞机、发动机、电器、仪表、汽油滑油系统5个专业实验室和1个基本作业实验室，培养了一大批有经验又有学识的机务骨干力量，为人民空军的建立奠定了坚实的基础。

老航校虽已完成了自己的历史使命，但老航校所培育和锻造的“团结奋斗、艰苦创业、勇于献身、开拓新路”的革命精神却始终鼓舞和影响着每一代空军人。我们必将持续不断继承和发扬老一辈空军人的精神财富，不断提升能力水平，为建设世界一流空军而奋斗不息。

第七章　不断创新，勇攀高峰

百万年前，一个人类尝试着用藤条把尖利的石片绑在木棍上，用它砍切手里的肉块，一个人类尝试把燃着天火的细树干带回了群居的山洞，于是人们有了火种、有了工具；之后人们有了更多更复杂的工具，人们开始自己生火；再以后人们迎来自己的文明，有了自己的文化；如今，人们主宰着世界，踏着创造的阶梯从蒙昧走进了文明。可以说，世界上一切由人制造的成果，都是创新。创新带来了进步，进步让我们过得更好。

科学家们说：创新，决定着科技的命运，决定着人类的前途。航空机务出现的那一天就是在创新。因此，不断创新，勇攀高峰是这个行业的优良传统，带领航空机务走向更高阶段的现代化、科学化。

一、创新的内涵

创新，顾名思义就是创造新的事物。《广雅》：“创，始也。”新，与旧相对。创新一词出现得很早，《魏书》中就有“革弊创新”，《周书》中有“创新改旧”。创是始的意思，所谓创造不是后造，而是始造，也就是第一次造出一个新的事物，不是仿造。所以创新就需要思考和行动。思考就是想出新的主意，行动就是实现新主意，造出新事物。

概括地说，创新主要是指科技人员在创造过程中所表现出来的创新精神与创造才能。前者是指创造主体所具有的强烈的事业心、进取心、自信心及意志等创造心理品质中的非智力因素；后者是指创造主体所具有的智力、知识、能力等创造心理品质中的智力因素。创新，按其实质大致可分为两种：一种是发现式创新；另一种是发明式创新。所谓发现式创新，是指经过探索和研究从而认识以前客观存在，但未被前人或他人认识的趋势、规律、本质或重要事实等；所谓发明式创新，是指创造出以前不曾存在，并经实践验证可以应用的新设备、新技术、新工艺、新方法等。一般地说，发现式创新属于认识世界的范畴，发明式创新属于改造世界的范畴。

二、航空机务工作源自于创新

航空机务工作的出现与飞机的发展密不可分，两者就像连体婴儿一般，谁也离不开对方。在人类航空史的起点上有一位永远值得被记住的人物，虽然他不像莱特兄弟那样曝光在聚光灯下，但是航空机务人员却应该知道他，他就是被誉为“航空机务的祖师爷”的查尔斯·泰勒。他1868年出生于美国伊利诺伊州，参加了莱特兄弟的第一次飞行，是第一位机场管理者，还参加了第一架军用飞机的制造和第一次横穿北美大陆的飞行，被美国空军博物馆名人堂列为第一位航空机械师。美国联邦航空管理局以他的名字命名了终身航空维修奖。而泰勒作为机械师的起点是从小对机械工程的痴迷。他的青少年时期正是欧美航空理论发展和新动力发明的热潮期，泰勒总是在机械中间穿梭，渴望创造出一台新的发动机，产生更大的动能，最好能让机器飞起来。与莱特兄弟结缘后，泰勒一边经营自行车公司，一边研制着一台大约12马力①，重约77.2千克的活塞式发动机。1903年2月，莱特兄弟驾驶“飞行者”一号在天空中飞了12秒共36.5米，改写了人类航空史。

人类航空从20世纪初叶开始出现并得以快速发展。人们对飞机功能的更多需求，迫使飞机制造者和发明者不断地对飞机改型换代，飞机上加装了越来越多的设备，这些都是创新精神在推动。随着飞机结构越来越复杂，飞机飞行就越来越依赖机务工作，机务工作也就越来越复杂。每一代飞机的迭代背后都必将伴随机务工作的创新。

① 1马力≈735.5瓦。

与老式飞机相比，现代飞机的维修检测项目更多，检查内容更复杂。现代飞机的高技术含量也日益增多，装备的先进性和复杂性对机务人员的技术素质也提出了越来越高的要求。因此，航空机务工作不能总停留在一个水平上，必须不断改革航空机务工作作业体制、维护规程和维修手段，以适应现代航空机务工作的需要，否则，航空机务工作也就失去了它的生命与活力。可见，创新是航空机务工作的本质特点，是内在要求。

三、创新是航空机务工作发展的内驱力

飞机出现以后，在 20 世纪初期的科学技术进步和工业技术革命的推动下，飞机的性能得到很快提高，飞行速度几乎每三年翻一番，飞行高度和航程也成倍增长。人们根据不同的用途生产出了不同的飞机。在第一次世界大战前，英、美、法、德、意等国家争相发展航空事业；同时，西方各国还成立了一些航空学校，用来培养飞行员和维修人员。飞机制造技术的进步带来了飞机结构的复杂化和多样化、飞行架次和里程的指数式增长，而航空技术在某些方面的不成熟意味着需要更多的维修工作。随着人们对飞行安全和飞机运营特点的认识，以及飞机数量的增加，飞机维修开始逐渐成为一门独立的专业技术，从工艺和方法上与制造业分离，成为航空工程的一个具体技术分支和一门复杂的专业技术。而当时的飞机维修基本上属于一门操作技艺，缺乏系统的理论。当时的机器大多数采用皮带、齿轮传动，由于设备相对简单，可以凭眼睛看、耳朵听、手摸等方法直观判断或通过师傅带徒弟传授经验的办法来排除故障。

随着生产的发展，出现了流水线生产。为了使生产不中断，20 世纪 20 年代美国首先实行预防性的定时维修，即事先在某固定时刻对设备进行分解检查、清洁、更换翻修，以预防故障的发生。这种定时维修在减少故障和事故、减少停机损失，以及提高生产效益上，确实明显优于早先的对设备“不坏不修，坏了才修”的事后维修。因此，定时维修的方法被各国普遍采纳，在各种设备维修中占据了统治地位。这种传统的定时维修基于一个概念，即设备的每个机件在工作时就会出现磨损，磨损就会引起故障，有故障就存在不安全性。因而每个机件的可

靠性与使用时间有直接的关系，每个机件都有一个使用寿命。定时拆修，即“到寿”必须拆修，以确保机件的安全性和使用的可靠性。并且通常认为，拆修得越彻底，分解得越细，防止故障的可能性就越大；定时维修工作做得越多，则可靠性越高。在第二次世界大战期间，各国为了保证航空器在战争中的出勤率，采用了多种多样的组织管理体系，对飞机维修工作加以管理，这些管理思想和维修方式对于全球战后的民航维修工作有着深远的影响。第二次世界大战以后，大量的军用运输机改为民用，各国相继出现了大量的航空公司，市场对航空运输的巨大需求促进了航空技术的提高，航空器维修工作出现了重要变化。在航空维修的组织方面，各个航空公司开始成立本公司的维修工程机构，由专业的技术人员负责飞机维修工作；飞机和附件制造厂商成立了大小不一的独立维修公司，承担民航飞机的维修任务，参与维修市场竞争。在航空维修技术方面，早在20世纪50年代初期，喷气式发动机已大规模应用在军用飞机中，随后几年间喷气式运输机就成了国际航线的主要机种。与此同时，机载设备技术发展迅猛，机载雷达、通信、导航系统引入了大量复杂和精密的仪器。航空技术的发展要求航空维修专业分工更加细致、维修技术更为精密，尤其是对飞机各个系统和机载设备的修理，采用以往的简单工具和目视检查、依靠经验判断的方法已经不能胜任。从20世纪60年代初开始，随着新技术革命的到来，电子技术、计算机技术、材料工程技术和信息技术等在航空科学领域的开发应用，民用航空器从设计思想到制造技术都发生了革命性的变化。应用新技术的飞机机载设备，如中央航电、电子仪表系统、风切变探测系统、全球定位系统等使得“维修”已经不是一种简单的工艺技术，维修必然成为一门综合性技术学科。

1960年，美国联合航空公司首先提出“我们懂得飞机维修的基本理论吗?”和“我们懂得为什么要做所做的事吗?”两个问题。如何以最小的成本取得最佳的维修效果，成为当时摆在人们面前的一个紧迫问题。

1978年，美国联合航空公司诺兰等受国防部的委托发表了《以可靠性为中心的维修》专著，进入20世纪80年代后，以可靠性为中心的维修理论又有了进一步的发展。

进入21世纪以来，随着大规模集成电路技术的广泛应用，故障诊断技术、传感器技术、人工智能、大数据、5G等新兴技术的迅猛发展，航空维修技术和维修理论也实现了跨时代的变革。航空维修已经从以可靠性为中心结合维修经济性的预防维修，转变成基于新技术广泛运用的实时监控、健康管理。2018年国际航空运输协会（International Air Transport Association，IATA）发布了MSG-3文件的IP180意见，建议各国民航结合实时监控和健康管理对MSG-3分析工作增加预测性维修任务的分析。自此，民航机务维修进入了以健康管理为基础、采用大量人工智能技术的预测性维修时代。

中国航空事业起步并不晚，但是由于近代中国内忧外患不断，其发展相对缓慢。中华人民共和国成立后，航空事业得以快速发展，但是机务人员文化水平不高、技术水平不高，又缺乏机务维护的工作经验，只能刻苦学专业技术、夜以继日地开展工作，创造了“发现一点，检查全面”的方法，在国土防空、民航建设、抗美援朝重大任务中贡献了自己的力量。进入20世纪50年代中期，民航和军航的飞机故障率较高，过去事后预防或全面检查的工作方法效率比较低，广大机务人员开始思考新的维修方法，并逐步形成了维修工作以“预防为主”的思想，建立了预防修理和预防检查制度。部队修理厂还自制了许多工具设备，提高了修理能力，并提出飞机“四无”（无故障，无缺陷，无锈蚀、油垢，无外来物）经验。1964年，夏北浩同志创造“夏北浩检查法”，直到今天还在影响着机务人员。1979年，我国民航和空军首先引进了以可靠性为中心的维修理论，取得了较好的效果。随后，海、陆航空兵部队也迅速更新维修理论，航空机务维修进入新的发展时代。

纵观民航航空机务维修思想的转变过程，不难发现，创新促进着航空机务持续前进，从新的理念到新的手段，从新的思想到新的维修方法，每一次创新都带来了航空机务的大步前进。

四、机务人员应具有的创新精神

创新精神的内涵相当丰富，机务人员要勇攀技术高峰，就必须具有创新精神。

（一）要有强烈的创新热情

著名生物学家巴甫洛夫说：“科学是需要人的高度紧张性和很大热情的。”所谓“热情”，是指人参与活动或对待别人所表现出来的热烈、积极、主动、友好的情感或态度。如果注意观察，就会发现人们每天都在做两件事情，一件是选择，一件是执行。做出怎样的选择，有很多因素决定，包括性格、气质、习惯、思维方式等，但是选择后要坚定地执行，往往就需要依靠稳定的热情。这是一种能够决定人的思想行动基本方向的、强有力的、稳定且深刻的情感，反映在事业上就是巨大的推动力，推动个体用积极的态度完成事业。这也是一个人事业心的必要条件和具体表现。

强烈的热情还表现在对工作的痴迷上。这是一个人能够在某项事业上取得成功的基本心理条件。南方航空公司有一位能够为飞机远程“把脉”的人，他叫刘宇辉。“只要听到飞机的声音，我就能准确说出飞机的型号。”这位民航机务高级工程师对飞机维护有着强烈的迷恋。2000 年前后，南航引进大量新型机型，开拓新航线，为了能够适应新飞机，用新科技手段来保障一定是必走之路。刘宇辉所在的团队提出了“远诊系统”课题。于是他开始穿梭在机务维修控制中心、工程支援现场和办公室之间。他把自己比作汽车 4S 店里的维修人员，当顾客起动汽车准备出发时，接到 4S 店维修人员的电话，通过车辆自动反馈数据，得知汽车存在故障隐患，建议顾客及时检修。这时这一通可能会被误认为“诈骗”的电话，很有可能就会保护客户的安全。而这样的技术就是刘宇辉团队研究的。可是创新的道路并不一马平川，随着南航机队规模、航线网络覆盖面不断扩大，外国垄断的“飞机健康管理系统”成了制约民航发展的桎梏。刘宇辉带着他的团队，在缺资料、缺数据、缺资金的情况下，拿着两张飞机制造原厂留下的宣传图开始了漫漫研究之路。为了弄明白波音 777 飞机，刘宇辉一字一句地翻译了几大厚本飞行手册和维护手册，一台存储着波音 777 飞机飞行数据系统核心代码的计算机里全英文的专业术语也没难住他和他的团队。这是刘宇辉打开远诊技术大门的“敲门砖”。没日没夜、逐字逐句，终于他们啃下了技术难关，2002 年，波音 777 飞机的飞机状态监控数据系统模块首先上线，除了可以获得丰富的飞机参数外，还可以做到秒级的数据分析。刘宇辉把设置好的逻辑、算法编好程序，嵌入飞机数据系统，在飞行过程中就能自动采集数据并实时回传，地面机务人员就可以依据回传数据解读飞机的语言，保障飞机安全。

相反地，如果一个人对工作没有满腔的热情，不能全身心地投入，就不可能有创新的思考和创新的成果。我们常说“当一天和尚撞一天钟”，一成不变的工作状态，把事业作为拿一份工资尽一份责任的事，甚至有“别人都‘摸鱼’‘躺平’，我也不能太认真”的想法，在工作时出工不出力、出人不出果。这样的工作状态非但没有热情，甚至是对自己生命的无意义消耗，是很难做出成绩来的。要想在机务工作中有所改革、有所创新，就要有热爱航空机务事业的巨大热情，要有加快航空机务现代化的强烈愿望。航空机务人员的创新热情更多的是在从事航空机务工作时表现出来的积极主动的态度，它促进和推动了机务人员工作的基本方向，具有强力、稳定的特点。一个航空机务工作者，如果没有强烈的创新意识和创新热情，是不会有创新实践和创新成果的。在航空机务战线上，凡是有发明创造的人，都是对创新抱有极端热忱的人。每年我们航空机务系统申请国家专利和软件著作权的有很多，大多数机务人员都是沉浸于自己的工作中，在枯燥的维护里发现规律，创造新事物。

（二）要有解放思想、破除迷信的革新精神

要创新，就要解放思想。不要把创新看成是专家、学者的事，不要认为“小人物”想创新就是“异想天开”“自不量力”。韩愈曾讲：“是故弟子不必不如师，师不必贤于弟子，闻道有先后，术业有专攻，如是而已。”创新不是复制，是在原来基础上的再创造，创新的结果是“新”，这个“新”并不是空中楼阁，不是凭空捏造，而是在“旧”的基础上的新创造。从这个方面讲，普通机务人员也不必妄自菲薄，在积累了一定的经验，经过一定的思考后，也可以创新。正如人民教育家陶行知先生曾说：“人人是创造之人，天天是创造之时，处处是创造之地。”创新的能力是人类普遍具有的素质，除极少数生来痴呆、智力障碍者或神经障碍者以外，绝大多数的人都具有创新的天赋，都可以通过学习、训练得到开发、强化和提高，卑贱者最聪明。身居一线维修的广大机务工作者，拥有丰富的维护经验，只要肯解放思想、善于动脑钻研，就可能有所发明、有所创造。改革开放以来，航空维修方面的许多小革新、小发明，包括很有科研价值的重大

发明，许多都是出自普通机务人员之手。因此，要敢于冲破传统观念的束缚，不要迷信书本和权威。在科学上轻信权威就可能扼杀智慧，对权威的迷信是捆绑科学的绳索。对书本和权威要尊重，要学习，但不能唯书、唯权威，要唯实。斯大林说过："科学所以叫作科学，正是因为它不承认偶像，不怕推翻过时的旧事物，很仔细地倾听实践和经验的呼声，否则，我们就根本不会有科学。"只有从工作实际出发，解放思想、破除迷信，才能冲破传统观念的束缚，独辟蹊径；只有"异想天开"，敢于标新立异，才能有所发明、创造。2020 年全国劳动模范、机务尖兵倪泽军就用自己的行动告诉世人，机务人的创新有多酷。倪泽军是中国航空集团有限公司北京飞机维修工程有限公司飞机结构和复合材料高级工程师，他毕业于西北工业大学飞行器制造专业，从事机务工作 28 年。在国产运 7、运 12 飞机大修，波音 737 系列、757 系列、空客 A320 系列等多型飞机及其发动机部件的结构修理领域辛劳贡献。随着国内物流业的迅速发展，客机改装为货机成为民航飞机维修行业的一个重要战略，倪泽军受命主持波音 757 飞机客改货结构专业的技术准备和前 4 架飞机的现场支援。国外对中国人改装飞机持怀疑态度，并且对我国进行技术封锁，没有权威指导、没有技术数据。倪泽军说："我就不信了！"于是，他带领团队花了三个多月时间，消化了 300 多套工作单卡，2000 多张工程图纸，160 多套改装器材包，近百套工装夹具，终于搞明白了飞机客机改货机的 43 个手术部位的技术细节，并对施工小组成员一对一培训。在他和他的团队努力下，他们用相对国外同类项目最少的人力配置，完成了"波音 757-200 飞机客机改货机"项目，远超改造方案的设计方——美国精密技术公司和国航同事的预期。

（三）要有创新的勇气和胆识

所谓"胆识"，简言之，就是胆量和见识。"胆"即有胆量，有魄力，勇敢果断；"胆识"即有远见、真知灼见，有独立见解和敏锐的洞察力，善于发现常人不能发现的问题。如果有胆无识，则意味着盲目蛮干；有识无胆，虽能发现问题，由于没有足够的勇气，也只能坐失良机。真正的创新者，都是胆识兼备的有勇有谋之士，而且愈是有超人的胆识，就愈有可能洞察创新的源头，就愈有本领另辟蹊径，走上成功之路。因此，创新者是智者，还需是勇士。有了新思维必须付诸行动，才有希望成功，命运绝不会眷顾那些虽有创意、理想、信念，但没有足够的胆魄将其付诸实践的人。创新的历程在某种意义上说是一条荆棘丛生的崎岖路，有时候甚至是一条没有终点的“无极之路”。但是，跋涉在这条路上的人却往往是品德最优秀、智慧最超群、意志最坚强的创新者。靠不畏艰险地闯与创，他们常常能获得意想不到的成功。创新是征服也是牺牲、是献身也是超越，创新永远不与懦夫为伍，创新是勇敢者的事业。广大机务工作者应以澎湃的创新激情，去勇敢地接受高技术战争的挑战，以不畏艰险的胆魄激流勇进，为航空维修的现代化去创造辉煌。

（四）要有坚持到底的毅力

巴尔扎克说：“勇气和天才是成功的一半，而毅力是成功的另一半。”成功的创新者最明显的标志之一，就是他们具有坚定自信、百折不挠和锲而不舍的毅力。所谓“毅力”，是指人的坚定持久毫不动摇的意志。毅力的基本特征是方向性与坚持性。人的一生是短暂的，而每一个创新目标的完成又都是高强度的智力和意志活动，创新者如果没有在一定的时间里，有围绕某个课题持久而专一的热情和不达目的决不罢休的决心，是绝不会有真正的创新和成功的。

创新是一个过程，创新是和探索联系在一起的，探索是创新的前提，创新是探索的结果。创新，是向未知领域的探索；探索，就免不了要遇到挫折和失败。而且多数情况下失败多于成功，能否经得起失败的考验，是对科技人员的意志品质的重大考验。因此，创造性的活动是一种高度复杂的意志活动。它需要坚定的信念、顽强的意志、坚韧的毅力和无私无畏的献身精神。只有那些具有不屈不挠、百折不回、不达目的决不罢休精神的人，才有希望获取丰硕的创新之果。

五、自觉培养创新品质，促进航空维修事业的发展

航空机务工作者，为了加速航空维修事业的发展，不仅要有强烈的创新精神，还应努力培养自己的创新品质。

（一）保持好奇心

在人的一生中，咿呀学语的年纪学习新事物的速度最快。小孩子就像一张白纸，对很多事物都充满了好奇，两三岁开始问的最多问题就是“为什么？”这三个字也是人类快速发展、科技突飞猛进的根源。求知欲和好奇心是创造活动的一个重要动机。科学家和发明家常常具有异乎寻常的好奇心和非常强烈的求知欲，正是这种好奇心和求知欲，推动他们努力探索、不断创新。英国科学家贝弗里奇说过：“对于研究人员来说，最基本的两条是对科学的热爱和难以满足的好奇心。”永无止境的好奇心和永不满足的求知欲，凡事都要问一个为什么，这是科技工作者的一种可贵品格。居里夫人说：“好奇心是学者的第一美德。”所谓好奇心，在认识上讲就是要特别关注客观事物的差异性和特殊性，善于发现理论和实践中的新问题，对于未知领域有强烈的探索欲望，不把自己的思想局限于已有的结论。李政道说：“好奇心很重要，有了好奇心才能敢提出问题。”提出问题，是创新的起点。机务人员整天同飞机打交道，尤其是维护专业分工很细，干一种专业，就总接触一种专业的设备。如果缺乏好奇心，时间久了，司空见惯，习以为常，则很难产生创造欲望。因此必须保持很强的好奇心，多给自己提出几个为什么，从中发现研究课题，从而为创新打下良好的基础。

（二）提高观察力

科学研究始于观察，没有观察就没有科学研究，也就谈不上创新。什么是观察力？观察力是指一个人从一定的目的和任务出发，有目的、有计划、比较持久地观察和知觉某种事物或现象的能力。在创造活动中，观察是一种有目的、有计划的感知过程。良好、敏锐的观察力，能够使科技工作者在一般人习以为常、习焉不察的客观事物中发现异常的、意外的事件或现象，从大量的表面现象中发现值得追踪的细节和线索，从而迫使客观事物显露出自己的“庐山真面目”。观察力是形成科学技术研究课题的智力前提。从一定意义上讲，任何科学技术研究课题，任何发明创造，都直接或间接地起始于观察。据研究，人类80%~90%的知识信息是通过眼睛这个重要的窗口观察获得的。观察力的强弱，直接影响一个人能否获得丰富而深刻、完备而准确的知识信息。敏锐的观察力，是科技工作者创新品德中的重要品质。我们不要把观察力看得太神秘，只要留心，每一个机务工作者都会观察。夏北浩同志能够创造“夏北浩检查法”，并不是因为他有多少过于常人的聪明才智，而是因为他注意观察，从维修规程和维修实践中找到关联，从而提出检查飞机线路化的思想。这个方法放在今天，似乎有些“小儿科”，我们不光检查飞机线路化，还持卡操作，比线路化更先进、更完整。但是夏北浩正是观察到了飞机上系统之间的关系，飞机检查和规程之间的联系，才有了创新的检查方法。

首先，观察应在明确的创新目标的指引下有目的、有计划地进行。也就是说，一个人要想创新就必须要有坚定不移的创新目标，并能把这种目标转变为自己梦寐以求的理想。只有这样，才能形成强烈的创新意识和创新欲望，对事物或现象有特殊的敏感，用创新的眼光和视角去看人们司空见惯、熟视无睹甚至不起眼的东西，想人所不想，见人所不见，发掘其潜藏的意义和价值，从中受到启迪，综合创新。其根本还是在于痴迷工作，将工作放在心上，才可能发现人们见惯了的事物。其次，当进行观察时思想应当不受任何约束，以免用先入之见去搜寻预期的结果。要尊重客观事实，时刻保持一颗好奇心和一双机警的慧眼，密切注意任何意外现象的出现，因为意外情况往往可能导致意想不到的重要事实的发现。最后，观察必须与思维相结合，要在观察中思维，在思维中观察，从而激发创新灵感。巴斯德说：“你要给自己的热心找到一个不可分离的伴侣，这个伴侣就是严格的观察。”作为整天和飞机打交道的机务人员，重要的就是要学会观察，学会创新意义上的科学观察。

（三）培养旺盛的想象力

古希腊哲学家亚里士多德指出：“想象力是发现、发明等一切创造性活动的源泉。”丰富的、惊人的想象力是创新的又一个作用重大的主观品质。想象力是指一个人以记忆中的表象或经验材料为基础，在大脑中经过新的变换、新的组合和加工，创造出未曾感知过、甚至从来未存在过的事物形象的能力。想象力通常可分为两种：一种是“再造想象”，即凭借语言的描述或图表的说明，而形成新形象；另一种是“创造想象”，它不是依据现成的描述再造出新的形象，而是从已有的事实出发，超越事实，把记忆知识库中原来互不相干、没有联系的若干表象或经验材料予以激活、分解、碰撞、变形或重组，从而在头脑里创造出从未有过的新形象。想象一般具有创造性、超前性、反常性、易变性和模糊性的特点，它常常表现为形象的比拟、大胆的猜测、神秘的直觉和粗糙的模型。

德国化学家李比希说："智慧和幻想对于我们的知识是同样必要的，它们在科学上也具有同等的地位。"在创新过程中，通过观察和实验获得经验材料，但仅仅有这些经验材料是不够的，还要透过这些经验材料，去畅想事物内部相互联系、相互作用的图景，要借助想象去探求事物内部的矛盾运动机理。在改革、创新的过程中，想象、联想、设想甚至幻想，都是很重要的。列宁也说过："有人认为，只有诗人才需要幻想，这是没有理由的，这是愚蠢的偏见！"想象力对于维修人员来说是非常重要的。爱因斯坦是具有丰富想象力的科学家，他在年轻时就曾幻想过自己以光速追随一条光线运动的情景，正是这个想象包含了狭义相对论的萌芽。他深有体会地说："想象力比知识更重要，因为知识是有限的，而想象力概括着世界上的一切，推动着进步，并且是知识进化的源泉。"人类航空史的开端，就是源于人们想象着能够像仙人、鸟儿那样振翅飞翔。螺旋桨式飞机的设计源头是中国人的竹蜻蜓。

幻想是一种特殊类型的想象，是指向未来的想象。贯穿于想象、幻想过程的想象力，能够突破时间和空间的限制，"视通万里""思接千载"，把表面上看来似乎不相关的事物、观念联系起来，创造出新的观念。

想象力也是激发、形成灵感状态的一种思维能力。灵感，是以已有的经验和知识为基础，在意识高度集中之后产生的一种极为活跃的心理状态，人的认识随之产生突发性的飞跃和敏锐的顿悟。但是，想象力也好，灵感也好，都不是神秘的东西，都是科技工作者经过长期的工作实践，培养、锻炼的结果，是以实践为基础并受实践检验和制约的。一个缺乏实际工作经验的人不可能有合理的想象。过度的"胡思乱想"除了精神内耗外没有一点点用处。同时，想象力也和一个人的知识深度、广博程度有关，我们的知识储备越多、知识面越广、实践越丰富，产生重要设想的可能性就越大，就越有想象的广阔天地。因此，想象力不是不可捉摸的东西。深入实践，占有大量材料，掌握广博的知识，学会联系地、发展地看问题，就会有好的想象力；反之，耍小聪明、不刻苦钻研、不愿从事艰苦的工作，期望丰富的想象和灵感会从天而降、不费吹灰之力就能获得非凡的创造力，不过是痴人说梦。

六、团结协作，将创新的思想变为现实

（一）团结就是力量

团结协作，是指在通过团队完成某项制定的事件时，所显现出来的自愿合作和协同努力的精神，是约束人们在日常生活、学习和工作中，相互支持、相互配合、顾全大局，明确工作任务、共同目标，在工作中尊重他人、虚心诚恳，积极主动协同他人做好各项事务的行为规范和道德标准。其核心是团结精神，即大局意识、协作精神和服务精神。它是集体利益与个人利益的统一，是组织高效运转的重要保证。

团结协作在航空机务工作中非常重要。横向上看，飞机结构复杂、机件繁多，某一个人或某一个专业都不可能独立完成对飞机的检查和维护，需要多专业的密切配合；纵向上讲，无论是民航还是军航，飞行都是一件极其重要、严肃的事情，涉及巨大的国家财产安全、诸多人员的生命安全，关系着国家交通运输事业的发展和航空兵部队战斗力的生成，说到底关系着国计民生和战斗胜败。所以飞行不容玩笑。飞机是飞行的主要载体，检查、维护好飞机就是飞行安全的根本。同时，飞机检查、维修需要大量检测工具、维护工具、航空零备件、各类油料等，协调这些物质资源并非某位机务人员就能实现的。从这个角度看，航空机务工作需要上下联动、团结协作。

（二）团结协作是航空机务工作的基本准则

机务工作内容复杂、压力大。为了共同的工作目标，机务人员之间、各专业之间、相关部门之间，要相互支持、相互配合、相互帮助。机务人员还要自觉主动与飞行人员、场站后勤人员团结一致、密切协作，主动为别人创造条件、提供方便、解决困难、顾全大局，保证各项任务圆满完成。只有大团结，才能实现大保障。

抗美援朝时期，在志愿军空军流传着一句顺口溜，“天上有个赵宝桐，地上有个赵亚鹏”，说的就是驾驶功勋飞机在空中与敌人拼刺刀的飞行员赵宝桐和他的机械师赵亚鹏。这既是对战斗英雄和机械师团结协作的赞扬，也是对飞行员和机务人员之间生死相依、共同战斗的生动写照。随着装备的发展，各专业之间的工作界限越来越模糊，专业之间的交流也越来越多，一线保障不仅需要突出的个人，更需要团结协作的团队。

（三）团结协作要有明确目标

团结，就是不同行为主体的意向和行为，朝着同一方向、同一中心、同一目标凝聚。其基本含义是指人们相互之间、集体之间，应当在道德行为的目标指向上一致化，在道德意识的信念追求上整体化，克服自私自利心理，反对离心倾向。汉字“患”就是有两个中心，所以成了祸患。一个组织内部的成员只有向着同一个方向或目标努力，心往一处想，劲往一处使，才能团结起来，实现更大的目标。团结就是人们在共同理想的基础上团结起来，为了完成共同的任务而互相协同、通力合作的品德和风貌。团结是协作的前提和基础，没有团结就没有凝聚力，也就不可能有效地协作；协作是完成共同任务的保障，也是团结目标的实现。因此，团结协作不仅是革命军人在为共同事业奋斗中应有的道德风貌，也是民航精神的重要组成部分，更是航空机务工作处理内外关系必须遵循的准则和优良维修作风的重要内容。

（四）团结协作就是要主动协同配合

主动协同配合是机务工作的内在要求。航空技术是多种科学技术的综合成果，飞机是复杂精密的机构，与之相适应的航空机务系统也自然是一个多专业、多层次的系统。各专业相对独立，又互相协作，要想保证飞机正常飞行，每个专业都必须按时完成规定工作，并协同一致地配合行动，这样才能达到预期目的。哪个专业的配合缺少或者迟缓，都会削弱甚至丧失空中战斗力。这充分说明，哪个部分都离不开整体，哪个部分都不能离开其他部分而单独发挥作用，就如同一架飞机是由各部件、各部分组成一样，只有各个部件、各个部分有机地结合在一起，并和谐协调地工作，飞机才能飞上蓝天。科学越发展，分工越细密，结构越复杂，整体化的趋势越明显，各个部分相互协作的要求也越高。

俗话说："一个篱笆三个桩，一个好汉三个帮。"事物发展总是不平衡的，每个人的专业知识不同，技能的掌握也有差异，在完成机务保障工作中，有的可能做得好一些，有的则可能做得差一些；有的可能做得快一些，有的则可能做得慢一些；有的可能工作顺利些，有的则可能会遇到这样或那样的困难。尽管在分工上力求合理，但因时间、空间、条件的变化，也会出现不平衡现象，在时间上总有忙闲不均之别，在设备上总有先进落后之分，因而个人的工作总会有难处，总需要帮助。为了共同的胜利，决不能袖手旁观，既要完成本职工作，又要主动帮助周围同志。早在新疆航空队时，我军学员面对自身文化基础差的困难和教官的刁难，在学习中百倍努力，并发扬了高度的互助精神，他们中不仅没有人掉队，而且学习成绩大大超过了盛世才的学员。当敌人把他们投入监狱，采取软硬兼施、毒打、饥饿、利诱等各种手段进行迫害，企图分化、瓦解他们的革命团结，迫使他们屈服时，面对生死考验，他们反而团结得更紧、意志更坚强。他们喊出"百子一条心，集体回延安""坚决要求宣布全体无罪释放，拒绝个人出狱，永不脱党叛变"的响亮口号，在度过了长达 3 年零 9 个月的铁窗生活后，坚持到了最后的胜利。在抗美援朝中，曾荣立集体一等功的某部 63 号机组，各专业同志们之间相互帮助"打蚊子"和"看鼻子"的故事就被传为佳话。夏天蚊子很凶，头上戴纱罩、脚上穿长靴、衣服扎起来都不顶事。看见战友们加夜班，不加班的同志们就在一旁帮助打蚊子；冬天工作一会儿鼻子就会冻得发白，随后就会发生冻伤，他们又站在一旁看鼻子，看谁的鼻子冻得发白了就上去给擦一阵。正是他们有这样团结协作、携手同心的亲密关系，才形成了无坚不摧、所向无敌的力量，保证了机务工作任务的顺利完成。

七、事迹链接

（一）"优秀机务工作者"李光男

李光男，朝鲜族人，1950 年 1 月生，1970 年 12 月入伍，高级工程师。先后取得22项科研成果，有8项填补了国内航空维修领域的空白，创造直接经济价值6000多万元。

李光男是一个边塞农民的儿子，从小就对党和祖国有着深厚的感情。他在长期的工作实践中逐渐认识到，航空机务保障工作的好坏，直接关系到战斗的胜利与否，以及飞行员的生命安危和价值几百万、几千万元国家财产的安全。要做好这一工作，不仅要有高度负责的精神，还必须要有过硬的本领，特别是随着机种的不断更新，就更需要精湛高超的业务技术。

李光男在入伍时只有初中文化，在学校学的主要是朝鲜语。面对航空维修工作所需要的高深科技理论和专业知识，他首先需要攻克语言文化关。在机务教导队学习时，他处处拜人为师，教员讲课他很多地方听不懂，理解不完整，课后就及时找教员和其他同志对补笔记，汉语讲不好，就跟着广播练发音，对着镜子纠正口型，有的汉字不会写，就用拼音代替。在整个教导队学习期间和到机务中队的最初几年里，他用了比其他人多几倍的努力，较好地掌握了文化和专业知识，很快成为机务维修一线的骨干，在同期兵中第一批提为干部。他还先后自学完了高中和大学的数理化课程，研读了几十本国内外飞机维修方面的专业教材，记了200多万字的业务学习笔记，为他做好本职工作打下了扎实的理论根底。

李光男要求自己“学习一切技术，思考一切现象，抓住一切信息，想到一切难点”。正是凭着这种刻苦钻研的精神和干一行、爱一行、专一行的工作态度，他从一个连汉语都讲不好的初中生，成为了一名机务战线的技术权威。他所从事的专业涉及很多高、精、尖技术，有上千个机件、几千条线路、上万个数据。为了熟悉机件的安装位置和线路走向，他不但利用“看到、摸到、听到、嗅到”这些常用方法，还注意利用飞机定检的机会，逐个部件、逐条线路地摸清内部结构，反复默画原理电路，熟练背记常用数据，对飞机上出现的每一个疑点，都追根求源、彻底查清，不断探索、总结机务维修工作的特殊规律，练就了一手过硬的排故本领。对许多故障，他常常是只要听一听机件运转声音，就能判断出故障的部位，看一看仪表指示，就能分析出故障的原因。同行们称他是“活电脑”“活线路图”“活数据库”。多年来，李光男凭借丰富的经验和过硬的技术，成功地排除了1000多起较大故障，先后维护过5个机型、11个机种的飞机，从未发生过差错，出色地完成了多项重大任务的机务保障工作。

李光男注重把实践经验上升到理论高度，先后编写出了17份、20多万字的维护方法、措施，积累总结了400多条维护经验并汇编成两本书和多种维护小册子，被下发部队使用，深受机务人员欢迎。他总结汇编的经验手册和提出的先进方法在部队推广使用后，起到了积极作用。他还撰写、发表了70多篇50多万字的学术论文，有的还被收入《中国航空学会论文集》，获中国航空学会优秀论文奖。他毫不保留地把自己掌握的技术和经验，传授给干部战士。经他带教帮助过的机务人员中有200多人成为层次较高的技术骨干。

李光男虽然是一名普通的机务干部，但他关注的是国防现代化建设的大事。面对当今世界飞速发展的航空技术，他经常思考如何运用高科技知识改革装备维修手段，改进我军现有装备技术性能，提高部队的战斗力。他自费订阅了十几种航空、科技杂志，购买了800多本航空高科技书籍，及时了解掌握发达国家航空发展动态。特别是在海湾战争后，他更加清醒地认识到，拥有和用好先进航空武器装备，对打赢高科技条件下局部战争的极端重要性。他决心立足现有装备，瞄准世界先进水平，大胆探索、刻苦攻关，不断改进提高飞机维护手段和质量，更好地发挥现有装备的性能。

李光男不是专门从事科研工作的人员，进行技术革新和科研，首先遇到的是没有科研经费、场所和相关的仪器设备的问题。但他凭着对加速实现国防现代化建设的执着追求，凭着尊重科学、尊重实践、尊重群众的严谨态度，坚持业余时间搞科研，经过不懈努力，攻克了一道又一道科研技术难关，创造了维修一线机务人员获取22项航空科研成果的奇迹。

长期超负荷的工作，使李光男积劳成疾，身患严重的心脏病。1988年底，他日渐感到体力不支，身体状况越来越差，这时，正赶上单位一批飞机全部“趴窝”，严重影响训练。他看在眼里，急在心上，主动申请承担科研攻关，要为不配套的发动机作一次“心脏换瓣手术”。整整3个月时间，李光男牺牲了所有的节假日，夜以继日地工作，终于解决问题。1989年5月，当李光男在北京开完产品鉴定会，满怀喜悦返回部队的途中，突然发病，昏倒在公共汽车上，幸亏被群众及时送到医院。医院诊断为“广泛性前壁心肌梗塞”，当时的血压已降至30毫米汞柱，梗塞面积不断扩大，生命垂危。他昏迷了整整3天3夜，危险期一直延续了15天，有两次差点儿进了“太平间”，危重的病情让医院都已经通知单位准备好他的后事了。所幸在医护人员的全力抢救下，李光男奇迹般地活了过来。医生要求他绝对卧床静养1个月以上，可李光男在苏醒后惦记的第一件事还是保障飞机。在住院的第17天，他没等病情稳定，就不顾医生和爱人劝阻，在病床上完成了原方案的改进设计，并通过机务处的同志，详细安排了工作。有人说，他是为了飞机的“心脏”，累坏了自己的心脏。他说：“即使是这样，我认为也很值得。”出院后，医生对他说：“你是‘死过一回’的人，一定要加倍珍惜身体。不然，随时都有生命危险。”并要求他必须全休1年以上。但他离不开自己所热爱的岗位，放不下自己的科研项目。他在住院期间的日记中写道：“经过这次磨难，我切身体会到了生命的短暂和价值。我舍不得离开我的亲人和战友，更舍不得离开我热爱的事业。党和人民培养我多年，我不能把知识和才能带到棺材里。我要像雷锋那样‘把有限的生命投入到无限的为人民服务之中去’，更加争分夺秒、只争朝夕地为党工作。”于是，他冒着生命危险，多次口含“速效救心丸”，爬到心脏病最忌讳的高分贝噪声飞机上排除故障。4年时间里，他先后排除了十多起重大故障，并完成了40多篇科研学术论文，同时进行8个新项目的科研。

李光男心里时刻装着我军全心全意为人民服务的宗旨，三十年如一日坚持学雷锋做好事。早在他上小学的时候，一次村口草坪着火，他为了保护人民财产，脱下刚穿不久的新棉袄，及时把火扑灭。入伍后，他更是自觉地实践雷锋精神，不管战友有什么困难，都主动帮助解决，走到哪里好事做到哪里。1972年12月，李光男从医院做完阑尾手术，刀口尚未痊愈，就主动要求出院。在火车上，他遇到一位老大娘行动不方便，就主动为她打开水、买饭，一路上照顾她，还把身上仅有的16元钱送给她。下车后，又帮她扛着七八十斤重的大包，一直送到家。由于包沉路远，他未愈合的刀口差一点迸开，疼得浑身直冒虚汗，棉衣都湿透了。这些年，李光男家境虽不算宽裕，但他对别人总是慷慨大方，解囊相助。单位同事孙提的哥哥病故，他便掏出200元钱，说是组织上发给他的救济款。后来，孙提到机关办事向领导表示感谢时，才知道事情的真相。1991年，南方发生水灾，他又把搞科研得到的300元奖金全部捐给灾区。李光男还注意在思想上帮助同志。单位有个新兵小吕，平时生活比较散漫，多次与人吵架。李光男便经常找他谈心，并主动把小吕要到他们组。在李光男的耐心帮助下，小吕进步很快，还受到了嘉奖，复员回地方不久就入了党。

李光男还先后为军内外50多家工厂、企业提供过各种无偿技术援助，给他们带来了可观的经济效益，挽救了一些濒临倒闭的工厂。不少单位出于感激要给他报酬，他都婉言谢绝，分文不取。他说："成功就是报酬，使用就是满足。只要我的努力能为提高部队战斗力、支援国家经济建设发挥作用，就是给我最好的奖励和报酬。"

李光男心里装满了他人和事业，唯独没有自己。同志们说他"爱事业胜过爱生命，爱部队胜过爱家庭，爱他人胜过爱自己"。他是有名的孝子，可老父亲病故时，他因执行任务没能赶回去为老人送终。他与妻子两地分居时，很少完整地休过一次假，就连妻子生孩子难产，他也不在身边。妻子随军后，他仍然一心扑在事业上。大年初一是他的生日，有几次，是爱人领着孩子，端着饺子，到办公室给他过的。他在日记中写道："自己可能对父母是个不孝的儿子，对妻子是个不称职的丈夫，对女儿是个不合格的爸爸。但我可以用我的事业的每一份成就，来告慰九泉之下的父亲，回报母亲、妻子和女儿对我的爱心和理解。"他患病后，有人劝他回地方利用自己的特长获取丰厚报酬，也为自己和家庭留个后路。美国、韩国的几家公司和辽宁、吉林、广东等地的企业都曾通过多种渠道，要以高薪和优厚待遇聘请他去工作或兼职，但他对这些都不为所动，仍然把心牢牢系在部队建设上。有人说他是手里拿着高科技项目的"傻子"，也有人说他是"不懂自身价值的人"。他在日记中写道："人活着不能为钱而奋斗，不能只顾个人。共产党人的无私奉献精神，是我认准的人生唯一目标，我的自身的价值要在军队现代化建设事业中实现。"

随着李光男病情的不断加重，不少同志劝他减缓或放弃一些科研项目。他也清醒地意识到，如果不注意休息，过度紧张和疲劳，随时可能倒下去再也起不来。但他关心的始终不是自己，而是他深深热爱、眷恋着的国防现代化建设事业。他在日记中写道："每当夜晚我睡不着的时候，考虑最多的是，在使用和维护新型飞机中，我提出的许多对策和科研课题还没有付诸实施，而这些正是部队建设急需解决的。"他时常为所从事的科研革新项目没有完成而焦急，几次想对爱人交代这方面的事情，可刚一出口，爱人就用手捂着他的嘴，流着泪不让他说。他只好背着爱人把战友找来，详细交代了他的设想，并抓紧把多年来在维修中遇到的技术难点和经验总结汇集起来，连同未完成的科研项目和新的构想认真记在一个专用笔记本上。

人的生命总是有限的，但能在有限的生命里创造无限的价值，让人无比崇拜，这就是李光男。

（二）“二级英模”钱良生

钱良生，江苏省宜兴县人。志愿军空军特设助理员。1951 年参加抗美援朝，因工作成绩突出，先后荣立一等功、二等功各一次，三等功两次。1952 年 12 月 26 日，空军授予他“二级模范”荣誉称号。

1951 年 6 月的一天，忙碌过后的地勤人员都在惬意地谈笑、休息，唯独电气员钱良生坐在机翼下，一会儿两手托着腮静静思考，一会儿从衣袋里掏出个小本本写写画画，一会儿又摸出一本书，用沾满油泥的手，专心翻看。

这时，单位的副政委来了。刚一走近，就听见几个机械员在议论钱良生：“你看吧，休息的时候还在费脑筋，多不好，身体要弄坏的！”“他还不是为了大伙？上次你那飞机电气发生故障，还是人家钱良生动脑筋想办法帮你排除的吧？”“他也帮助过你们呀！”

副政委很高兴大家对钱良生的关切，钱良生是个好同志，从他到部队的第一天起，就把自己的全部精力投入到工作和学习上。在部队他做的是电气工作，在他眼里飞机上的电气线路就像人身上的神经一样重要，出不得半点问题。钱良生热爱科学和技术，他把自己的爱好和工作紧密地结合起来。在工作中，他勇于创造、乐于钻研，不懂的问题，他一定要弄懂；该学的东西，他一定要学会。钱良生经常说，在自己的工作上，他只有一个愿望，就是保证飞行。所以他绝不容许自己维护的飞机因为发生丝毫的电气故障而影响飞行。钱良生认为工作虽有分工，但是故障并不分家。其他单位的飞机出了电气方面的故障，他也会主动承担排故的任务。同志们都说钱良生的口号就是：“哪里有故障，哪里需要我，我就得到哪里去。”就这样，他排除故障的范围扩大到了各大队。副政委一边想着，一边径直走到钱良生背后，轻轻拍了他一下问道：“有什么问题吗？”钱良生一怔，见副政委来了，便忙站起来敬礼。“坐下，坐下。”政委又亲切地将他拉回原来的位置上，自己也坐下来。

“没什么，”钱良生一面将那本揉皱的书往兜子里塞，一面回答副政委的话，“写总结材料……”

“噢！”副政委好像忘记了什么熟悉的事情又突然被提醒了一样，愉快地说，“那太好了！你要抽空儿认真把自己的工作经验写写，”说着，从钱良生手里把那个小本本拿过来了，“快写成了吧？”

“没有，”钱良生说，“写个东西怪不容易哩。”他见副政委拿着小本子看得很入神，就又说：“要我讲还行，要我写真困难！这个是提纲，准备给新来的电气员同志讲的。”

“是啊，是困难呀，”副政委把本子还给他，对他说，“有些人在自己的岗位上，认为只要安心工作，不闹情绪，或者只要按时上、下班，不怠工，工作就算做好了。其实，单是这样并不能说工作中的一切问题都解决了。总归有一天他会被困难给拦住的。原因就是他没有钻到工作里去寻找难题，”他一面说一面站起来，“另外，还有一种人，”他继续说，“他们在工作中永远不满足现状，经常以极大的热情去发现工作中的新问题，也经常看到工作中的困难。当他们能抓住其中的关键问题想尽一切办法去解决时，就在工作上又进了一步。这种工作精神，我们称之为创造性的劳动！”

在说这最后一句话的时候，副政委轻轻地把拳头在空中挥动了一下。说完后，他微笑着，把自己的右手伸给钱良生。当钱良生握住副政委的手的时候，极大的信心和勇气顿时又涌现在他的心头。

副政委走了，但他的话却铭刻在钱良生的脑海里。他细细地琢磨着这些话，渐渐觉得有些惭愧起来：应当把自己在工作中的体验告诉大家，相互交流一下经验。自己虽然经常从这个大队到那个大队，做了不少的工作，但这终究不是长久的办法。有了故障就去排除，排除一个算一个，那是永远排除不完的。要是能用优越的电气维护技术预防故障的发生，以“预防为主”不是比事后补救或“病中治疗”更好吗？

于是，钱良生比以往更加认真地检查起故障，不但要排除它，还要认真地研究一下它的性质：弄清楚为什么发生这个故障，为什么偏偏发生在这一部分。如果不排除它，又可能引起什么样的后果……然后，将已经排除了的故障一个个加以甄别、分类，并系统地归纳一番。这样，再发生了同样类型的故障，不仅容易发现和排除，而且也易于防止新的故障发生。

有了总结的经验，钱良生工作的积极性更强了。他把副政委的话放在心上，一有空，就趴在机翼上或蹲在机翼下，或搬一个冷气瓶坐下，就着油桶整理他的材料。有时他干脆就伏在草地上写。夜间，同志们都看见他点着个蜡烛头，聚精会神地看“大部头”的技术理论书籍。

他的年轻伙伴们，知道他最近在整理一份经验材料，都怕他疲劳过度，很担心他的身体。有一天，刚从机场回到宿舍里，他又搬出一本厚厚的技术理论书看。大家怕他白天看了书夜间又翻来覆去地思考，睡不着。所以有人就好心地规劝他：“写经验就是要从工作中归纳些实际问题，为啥一定要钻这些大本本的理论书籍呢？这些东西你钻进去，一时半会儿是钻不出来的。”对于同伴们的这种规劝，他只好耐心地向他们解释了一次又一次。

在学习和实践中，钱良生深刻体会到空军是高技术军种，在这里，一切工作都需要确切的理论根据。有一次，一架飞机在排故时把发电机烧坏了，当时谁也不知道是什么原因。钱良生经过仔细地观察和慎重地思考后，认为是起动车插在飞机上，形成负荷过大，加上地面散热不良，时间一久，就把发电机烧坏了。但是，这种说法在当时并没有引起大家的注意，因为钱良生找不到足够的理论根据。

他很着急：如果不把这个问题彻底弄明白，不引起大家注意，今后很可能发生类似现象。为了预防故障的发生，也为了更有效地维护发电机，钱良生查阅了许多参考书籍，精心地研究了这个故障的性质，终于找到理论根据说服了大家。

就在这样一边排故一边研究中，时间一天天过去。经过近一个月的艰苦劳动，经验总结的材料终于写出来了。尝到成功甜头的钱良生又开始琢磨，能不能把这份材料再充实充实，最好能把自己和同志们的经验，都集中在一起，整理出一份系统、全面的经验资料，这样虽然部头大，可是却能真正用在机务保障的工作中。于是，一份长达万余字的材料在夜以继日地奋笔疾书和不断验证中诞生了。

经上级机关审查后，钱良生和战友们的这份材料被认定是“完全是从实际工作中总结出来的宝贵经验”，印发全军，供电气工作人员参考。

由于这些材料是从实际工作中提炼出来的，因而它们不仅在理论上可以证明是全部正确的，在工作实践中也证明了它们的实际价值。兄弟单位的战友们反映：“有一次发现飞机升降舵的调整片不工作，起初不知道啥原因，学习钱良生的材料后，就知道故障的原因了。”一时间，全面又方便的经验材料获得了电气专业的战友们的一致好评，还激发起大家都向钱良生学习，积极总结凝练维护经验的兴趣。

当钱良生在整理第二份材料的时候，突然传来了一件令人不愉快的事情：机场里发生了两起飞机起动不起来的故障，原因是电瓶的电容量不足。钱良生一听心里就着急起来。

其实，这跟他关系不大，但他总觉得自己是有责任的。想想吧：地勤人员披星戴月到机场里把飞机准备好了，指挥员也将战斗方案拟订妥当了。但是，当指挥所门口发出战斗信号的时候，却有个别飞机起动不起来！往往一架飞机就会影响整个战斗啊，而影响这架飞机起飞的原因是电气问题！作为电气工作者的钱良生内心受到了重重的谴责！

怎么办呢？新电瓶一时是领不到的，只有从旧电瓶身上想办法。钱良生想到充电站去工作，但又怕完不成这一艰巨任务。因为自己虽对电气工作有些经验，但对充电站的工作却是生疏的。他得到机务主任的允许，到充电站去做协助工作。到充电站的头几天，他虚心听取同志们给他介绍情况，跟他们一起研究改进的办法。在这短短几天里，他敏锐地体会到一个问题：“为什么同志们都没有谈到电瓶的容量呢？这不是主要的问题吗？”他问别的同志都说不知道。钱良生想：“整天为电瓶充电，连现有的电瓶的具体容量都不知道，这怎么行！”因此他建议对电瓶进行普遍放电，看看它们的实际容量是多少。

这个建议引起了大伙的争论。绝大多数同志都说“不行”，怕进行普遍放电会出“娄子”。“也许这样做是错误的？”钱良生心里也有点嘀咕，因为当时他对这一问题还没有找到足够的理论根据。但是，怕出“娄子”的说法也是没有什么理论根据的，他开始从理论上研究这个问题。结合实际工作经验，他和同志们一起仔细研究了充电、放电的工作原理及电池使用、维护的工作方法，最后大家一致认为可以普遍放电，不会出什么“娄子”。刚着手放电，大家就被这一新的情况吸引了：电瓶的电容量情况相当复杂，有的电瓶的电容量低到了惊人的程度，这就是一切问题的关键！本来，在电瓶的使用上，会有这样的规定：电容量低到50%就不能用了。而在这次实际检查中，竟发现有很多电瓶容量已降到30%到20%不等，有的还剩余50%，电容量在80%以上的极少。同时还有把电容量不同的电瓶放到一起使用的现象。这样，由于电容量不等，大的大，小的小，所以以前电瓶不是充电不足就是电量浪费，根本不能发挥电瓶的全部作用，而这就是飞机有时发动不起来的原因。找到了原因，那就可以对症下药了，于是战友们在钱良生的指点下，将电容量相等的电瓶装在一起，然后根据电容量情况来充电。该充多少，就充多少，结果使每副电瓶由原来能起动2~4次，提高到了6~8次！再没有人提起增加新电瓶的问题了。

钱良生到充电站不到20天，就和同志们一起完成了这么一项艰巨的任务。当亲眼看着自己的劳动融入保卫祖国的伟大事业里并起到作用的时候，这是多么大的幸福啊！

（三）机务的模范徐建平

徐建平，生前是一位空军高级工程师。先后荣立二等功1次、三等功10次。

徐建平一辈子用行动坚守共产党人的精神家园，把党的事业高高举过头顶，埋头苦干、求真务实、不计得失，他把一名共产党员对党的事业的无比忠诚，演绎得淋漓尽致，令人震撼。

为了党的事业，他履职尽责拼命工作。徐建平说：“没有党组织的关怀培养，就没有我的今天，我取得的那点成绩是党给的，荣誉属于大家。”从军28载，徐建平把全部精力放在了确保飞行绝对安全、万无一失上，他忘记了休息、忘记了苦累、忘记了自我。有一年正值某型飞机由鼎盛走向低谷，有9架已经停飞，4架即将到达使用寿命，仅剩的良好飞机也都经过了二次大修，各种突发性、危险性故障明显增多。在这种情况下，要安全圆满完成全年飞行保障任务，那是何等的艰难！徐建平心急如焚、寝食难安。他知道，组织把自己放在这个岗位上，既是信任，更是重托，必须迎难而上、拼命工作。面对老旧飞机，要想有所作为，就必须发扬“一根针”精神和“特别能吃苦、特别能战斗”的优良传统，针对机务工作的现实状况采取新的措施。他充分发挥集体智慧，严格落实责任，加强预测预防，坚决把故障隐患消灭在地面。那段日子，他几乎和飞机捆绑在了一起，想的、做的甚至喜怒哀乐都是为了提高某型飞机维护质量，不到半年时间就瘦了十多斤。他总是坚守在机场一线，白天在办公室很难见到他，晚上他的办公室却经常灯火通明。28 年里没有休过一个完整假期，只回过江苏老家 4 次，在家最长时间也不过 7 天；一天正常工作时间为 8 小时，而他平均每天学习工作的时间超过 14 小时。如果按每天工作 8 小时计算，徐建平的生命虽然只有短短的 48 年，但是与常人相比，他整整为党的事业多学习工作了 22 年！

为了党的事业，他坚持原则较真碰硬。徐建平经常讲："作为一名领导干部，原则面前就要敢于较真碰硬，你要不跟原则较真，飞机就会跟你较真，只要是为了工作、为了飞行安全、为了部队历史，得罪人的事我不怕。"他是这样说的，也是这样做的。2010 年 4 月，徐建平作为机务领导带队赴地方集团验收首次国内大修的飞机。没有任何经验可以借鉴，单位上下都很担心大修质量问题，如果出现纰漏，就有可能把安全隐患转交给飞行员。为此，他暗下决心，一定坚决落实师党委的要求，严格按照标准、程序和方法，坚持原则、不徇私情、确保接装验收质量。协调会上，徐建平就对地方企业提出了"三个坚决不接"，即有一条故障隐患不排除坚决不接；有一个寿命件到寿未更换坚决不接；该落实的通报有一条没落实坚决不接。接下来，他带领接收组一丝不苟、严查细抠，共查出近 80 个问题。为了尽快交付飞机，企业找关系、托门路，向徐建平说尽了好话，还要给徐建平送钱送物，但都被他一一拒绝。徐建平说："如果是个人的事什么都可以谈，但影响飞行安全的事绝不能有一点变通。"为此，他和地方集团的领导吵过嘴，拍过桌子，摔过杯子，有一次他气得当场摔碎了手机。在他的坚持下，这次任务整整用了 40 天，最终所有问题都得到了彻底解决。

为了党的事业，他心系一线率先垂范。用徐建平自己的话讲："机务工作对于我来说，连着心，重千斤，割不断，舍不掉。"他对党的事业的这种执着，已经融入了血液、刻进了骨子。在他的时间表上，总是排满了工作。有的同志对他讲："老徐，你现在已经是领导干部了，小事没必要亲自动手，抓抓大事就行了。"但在老徐看来，机务工作没有小事情，每一项工作都关系着飞行安全，都是顶了天的大事，老一辈机务人的传家宝，绝不能在他身上丢掉。他坚持在日常维护中作表率，每次飞行都认真听取飞行人员的反映，逐项梳理检查，不放过任何疑点，每架飞机都检查把关了他才放心；他坚持在加班加点中作表率，只要工作没完成，不管多晚都和大家在一起；他坚持在排除故障中作表率，总是第一时间赶到排故现场，带领大家分析研究，亲自动手，不留隐患。就这样，冬去春来，潮涨潮落，他在机场走过了 28 个春秋。即使到了生命的最后一刻，徐建平最放不下的还是机务工作。2011 年 2 月 23 日晚上，单位战友到医院探望徐建平。看他穿着工作服，徐建平立即问："还在加班？是不是飞机又有故障了？哪架飞机？什么故障现象？"看到面庞消瘦极度虚弱的老徐焦急地望着自己，战友强忍着眼泪一一讲解。因为多年的相处，他最了解老徐，不讲，他要发脾气的，甚至会影响他的情绪和治疗。很多人可能不理解，一个病入膏肓的人怎么还会有这样的追问？正是这简单、普通而又无力的追问，饱含着徐建平对党的事业的无比忠诚和无限挚爱。因为，他已经把党的事业高高置于自己的生命之上！

1983 年，徐建平以全优的成绩从某军校毕业分配到工作单位。28 年来，无论在什么岗位上，他都把全部精力和情感融入机务事业中，用自己默默的付出和坚守，做出了不平凡的业绩，带领团队取得了一个又一个荣誉，也赢得了全体官兵发自内心的尊重和敬仰。

众所周知，在机务行业当领导，业务不行，技术不精，作风不硬，很难让人信服。28 年来，徐建平始终心怀强烈的本领恐慌意识，靠着一股咬定青山不放松的劲头，在自己的军旅之路上记录下了一个又一个不平凡的履历，带队赴法国学习，以 4 次满分、总评 93.5 的高分通过所有课程考试，获得欧洲直升机公司颁发的飞机维修证。

时间对每个人来说都是公平的，而老徐的时间是挤出来的。他的办公桌、床头摆满了各类业务书籍，白天事务性工作多，他只能放弃休息时间，大家都开玩笑说："老徐耗电最多，'长明灯'最典型。"

领导干部就要做攻坚破难的实干家。徐建平兢兢业业、勤勤恳恳的工作作风，见证了他默默付出、不图回报的执着追求，见证了他扑下身子、拼搏耕耘的实干精神。在担任维护组长期间，他维护的飞机是单位的标杆，从未出现人为差错。

领导干部就要做谋局定势的领路人。徐建平说："一个领导干部如果没有超前的意识、严谨的思路和宽阔的视野，就是坐井观天、闭门造车，难成大事。”多年来，无论是行业的正规化建设，还是人才队伍培养，徐建平都倾注了大量心血。在担任中队长期间，他不满足于仅自身技术过硬，像当年部队培养自己一样，狠抓年轻干部业务学习。他不仅亲自讲解基础理论，还手把手带教，帮助一大批年轻干部走上维护组长岗位，单位连续三年被评为先进单位，两次荣立三等功；在担任机务领导期间，正值单位最为困难的阶段，当时有人劝他：“老徐，在这个时候接过这副担子，你可得好好想想！”没有过多的言语，他用无声的行动做出了最好的回答。在大家共同努力下，确立了“一个深化、两个下功夫、三个狠抓”的工作思路，紧紧抓住老旧飞机维护保障的关键环节，采取扩大检查面、深化检查内容、缩短检查周期等方法，缩短飞机定检周期。针对技术能力参差不齐的状况，区分层次，结成互帮互助对子。每次遇到疑难故障，他都把技术骨干聚在一起，集体会诊，攻坚克难，培养了一大批业务骨干。后来，他又把目光瞄准国际民航维护前沿，利用到西南航空检修波音飞机的难得机会，向民航学技术、学管理，在对比中找差距，在分析中求突破，撰写了民用航空法规体系研究报告，提出了改进专机维修管理工作意见和建立专机适航管理制度的构想，为机务工作规范化管理奠定了基础。

28年来，徐建平用默默无闻的行动诠释着一名领导干部的价值与追求，践行着一名领导干部的使命与职责。他爱工作胜过爱父母，爱机务胜过爱家庭，爱部队胜过爱自己，把无私的大爱融入到一流专机部队建设中。

他身上彰显着敢于担当、身体力行的领导风范。徐建平始终认为，当领导就是要能担当、敢负责。为了把隐患差错消除在自己的手中，他以“专严高细、精益求精”的标准，把职责坚守在每一厘米；为了提高维护质量，他身体力行、任劳任怨，“看我的，跟我上”是他人生的座右铭。没有专车，他就开着自己的捷达去各处工作。每次机务检查，他都亲自指导把关；每次排故，他总会带着大家一起研讨攻关。在首架某型飞机国内大修出厂验收中，他作为装备技术负责人，白天，顶着三十八九摄氏度的高温，与技术人员奋战在试飞保障一线，每一个重要的系统和部位都洒下了他的汗水；深夜，他认真查阅1600多册飞机履历本，对重要系统的技术数据一一进行审核把关，思考着解决处理疑点问题的对策办法。地方集团的技术人员无不佩服地说，这么负责任的领导他们还是第一次遇到。由于长时间的体力透支，他的身体越来越虚弱，每天都要靠药物来支撑。同志们劝他多休息休息，他却说："这是这型飞机国内首次大修出厂，我们一定要让飞机安全地飞回去。" 40 多天里，他硬是拖着虚弱的身体带领技术人员高标准、高质量地完成了这次可以载入空军史册的工作。

徐建平身上彰显着不畏艰难、奋发有为的领导意志。2003 年，单位一架飞机送国外大修，因为部分附件寿命统计不规范，外方提出必须更换相关机件，这导致维修经费大幅增加，大修时间也因此延长了 6 个月。这件事对徐建平触动很大，在详细了解情况后，他意识到解决飞机部件、附件管理问题已经迫在眉睫。在同领导商议后，他决定将每架飞机的所有寿命件状况都输入计算机进行监控，规范质控管理工作。对于这项工作，个别同志有些畏手畏脚："单位一共有 16 架这一型号的飞机，几万个寿命件，怎么查得清，什么时候才能查得完?"徐建平斩钉截铁地说："超寿机件关系着飞行安全，困难再大也要上。"他和团队立下"军令状"，全力争取在最短的时间内完成清查工作。几万册履历本，加上反复串件的额外工作，要全部查清，困难之大可想而知。然而，徐建平就是凭着这种不畏难、敢为先的坚强意志，翻阅资料，反复校验，2 万多项数据全部输入计算机。过去需要 3 天才能查清的资料，现在只需 3 分钟就能完成，填补了某型飞机机件数字化控制的空白。在法国学习期间，已经是肝癌晚期的他，强忍着常人难以想象的病痛，在学习的 56 天里，从没有缺席过一节课，永远都是第一个走进教室，最后一个上床睡觉。

徐建平身上彰显着公而忘私、无怨无悔的领导情怀。徐建平始终坚持工作上高标准，生活上低标准，他家的物品和他的为人一样简单、朴实，客厅那套破旧的沙发、几张油漆斑驳的桌椅和那台 20 世纪 90 年代生产的 29 寸显像管电视机就是最好的见证。他从不追求奢华享受，坦率做事、坦诚做人、艰苦朴素、一心为公，时刻都体现出一名党员干部的过硬作风和优秀品质。多年来，徐建平为了工作很少有时间照顾父母、妻女。他的父母是 80 多岁的老人了，居住在农村的他们只能靠徐建平的哥哥和妹妹照料。每年的春节徐建平基本都是在工作岗位上度过的，每当年迈的母亲在电话那头用渴望的言语期盼他回家的时候，他只能愧疚地说："明年一定回去。"在女儿出生时，他的岳父岳母已经 60 多岁，为了不影响他的工作，老人一直把孩子带到 10 多岁。为了工作，徐建平没有照顾好妻子、女儿，没有尽到应尽的责任。在病重期间，徐建平对妻子讲："我欠亲人的太多太多了！"在他最后的日子里，却依然惦记着老旧飞机的安全，惦记着新机的接装验收，惦记着专机任务的圆满完成。他对前来看望他的沈主任恳切地说："老沈，单位的飞机以后就靠你了！"那份不舍的眷恋、殷切的期盼，令在场的人无不动容。

徐建平同志的从军履历和闪光足迹让我们震撼，让我们钦佩，更让我们折服。在机务战线平凡的岗位上，徐建平用无私无畏和默默耕耘向我们诠释了当代革命军人核心价值观的深刻内涵，用执着和坚守挺起机务人绝对忠诚的信念风骨。他是一面旗帜，指引着我们前进的方向；他是一支蜡烛，即使燃烧殆尽，也要放射出耀眼的光芒；但他更是一面镜子，让我们警醒、让我们思考、让我们奋进。

参考文献

[1] 当代中国民航事业编辑部．中国民航机务维修工程的发展［M］．北京：国防大学出版社，1987.

[2] 李永．简明中国民航发展史［M］．北京：中国民航出版社，2013.

[3] 罗萍生．航空机务工作的优良传统［M］．北京：蓝天出版社，1989.

[4] 姜长英．中国古代航空史话［M］．北京：航空工业出版社，1996.

[5] 牛强军．夏北浩故事［M］．北京：蓝天出版社，2023.

[6] 罗萍生，宋世平．航空机务职业道德［M］．北京：蓝天出版社，1998.

[7] 唐彦生．世界空战［M］．北京：蓝天出版社，2010.

[8] 田军．空军航空机务文化［M］．北京：蓝天出版社，2019.

后　记

在大家的关心指导下，本书终于编著完成了。

“中国航空机务优良传统与文化”是个很大的课题，它跨越了中国航空史的一百多年，要想在中国航空史中挖掘航空机务的瑰宝，又是一件相当艰难的工作，这是因为航空机务系统从来都是幕后英雄，当人们看见飞机遨游蓝天时，总是想不起机务人员的汗珠已经浸润了机场上的每一片土地。幸运的是在编写组步履艰难的时候，遇到了一位机务老牛。他是一名空军航空机务老兵，从军三十载，从一个没上过大学的机务学兵一路奔波，成为了行业大能。

机务老牛是个风风火火的人，想法多，又是领导，所以总是带着一帮人干一些旁人看来“不务正业”的工作。例如，他带着团队重新整理了上百本航空机务的历史书籍和相关资料，要知道，他曾是一名电气工程师；许下宏愿，要向机务人员推送几百本机务书籍；他在繁忙的工作之余，居然还写了几本关于机务人的小说。每每和他交流，总是一次又一次惊叹于他的精力旺盛、学识渊博。这是个牛人。

机务老牛为什么会做这些事呢？暗中观察才发现，他对机务工作有着非比寻常的感情，他常说：“快读书吧，快成长吧，快把机务的历史、机务的传统、机务的故事讲给后来的人吧。”

于是，在查阅了大量航空机务历史资料，通读了民航机务历史和空军航空机务历史之后，我和我的团队完成了这本书的编写。

笔力有限，纰漏甚多，请读者批评指正。